本书为安徽省高校人文社科项目"成年外国学生汉语比较句习得研究——以韩国留学生为例"（项目编号为2022AH051941）及黄山学院校级科研项目"韩国留学生汉语特殊句式习得研究"（项目编号为2023xskq007）的研究成果。

韩国留学生汉语比较句习得研究

唐宁 著

河南大学出版社

·郑州·

图书在版编目（CIP）数据

韩国留学生汉语比较句习得研究：汉语、朝鲜语／唐宁著.--郑州：河南大学出版社，2024.10.
ISBN 978-7-5649-6111-4

Ⅰ.H195.3

中国国家版本馆CIP数据核字第2024JZ1006号

韩国留学生汉语比较句习得研究
HANGUO LIUXUESHENG HANYU BIJIAOJU XIDE YANJIU

责任编辑　陈晓林
责任校对　陈　炜
封面设计　翟淼淼

出　版	河南大学出版社	
	地址：郑州市郑东新区商务外环中华大厦 2401 号　邮编：450046	
	电话：0371-86059752（大众文化出版中心）　网址：hupress.henu.edu.cn	
	0371-86059701（营销部）	
排　版	郑州市今日文教印制有限公司	
印　刷	郑州市今日文教印制有限公司	
版　次	2024 年 10 月第 1 版	印　次　2024 年 10 月第 1 次印刷
开　本	710 mm×1010 mm　1/16	印　张　11.5
字　数	220 千字	定　价　39.00 元

（本书如有印装质量问题，请与河南大学出版社营销部联系调换。）

前　言

汉语比较句是韩国留学生学习汉语的重难点,韩国留学生的汉语比较句偏误率高,本书研究基于"HSK 动态作文语料库"中韩国留学生所有的汉语比较句语料,分析韩国留学生使用的汉语比较句句法结构类型,收集其中的偏误语料,对偏误类型进行分析;针对不同的偏误类型讨论造成偏误的原因,通过对韩语和汉语比较句的对比分析,以及汉语比较句句法、语义分析,找到产生偏误的母语和目的语的因素;并在教材编写、教学方法上进行针对性的设计,将研究的成果应用到教和学的实践中去。

第一章对本书研究的总体思路进行了梳理,从研究的内容、范围,研究的目的和意义,研究方法等方面做好了研究的前期准备,对本书的语料来源进行了说明分析,对相关的研究成果进行了综述。

第二章对"HSK 动态作文语料库"中的韩国留学生汉语比较句语料进行全面的考察分析,总结出韩国留学生在实际输出汉语时使用的九类比较句类型。韩国留学生在输出这些句型时既有错误的,也有正确的,针对他们习得汉语比较句的偏误语料,考察分析十一类偏误类型。这些偏误的成因较为复杂,既有受到母语影响造成的偏误,也有习得汉语比较句本身规则造成的偏误,还有没掌握好汉语其他语言规则造成的偏误。

第三章针对韩国留学生习得汉语比较句时受到母语影响造成的偏误进行考察分析,讨论韩语对韩国留学生习得汉语比较句的影响。首先分析考察了韩语比较句的句型,其次将韩语和汉语的比较句分为等比比较句和差比比较句两种类型进行对比分析,共探讨了四种韩汉比较句句型的对比分析。此外,还针对表示倍数的比较句和表示否定的比较句进行对比分析,分析了韩汉比较句句型的共性和个性。最后分析讨论了韩语对韩国留学生习得汉语比较句造成的正迁移和负迁移。

第四章针对韩国留学生习得汉语比较句时,受到汉语本身语言规则影响造成的偏误进行考察分析,讨论汉语比较句的句法、语义规则对韩国留学生习得汉语比较句的影响。具体考察了"不如""不比""没有"三类否定比较句的区别,对比较结果项中的程度副词"更"和"还"的句法、语义进行了讨论,最后讨论了其他影响韩国留学生习得汉语比较句的语内迁移。

第五章分析讨论针对韩国留学生的汉语比较句教学。首先分析了三种汉语教材中汉语比较句语法点的展现、讲解和练习的基本情况。这三种教材代表了目前韩国留学生学习汉语时使用的三类教材,即韩国本土汉语教材、韩国引进的中国版汉语教材及中国本土汉语教材。它们对比较句语法点的处理各有优缺点,结合本书前几章的研究结论,讨论了如何在教材编写时针对性地设计,并对汉语教材编写比较句语法点提出了建议。然后针对韩国学生的汉语比较句教学,结合前期研究成果,提出了具体的教学设想和教学方法。

综上所述,本书基于"HSK动态作文语料库"中的韩国留学生汉语比较句语料,分析了韩国留学生习得汉语比较句的偏误类型,并对造成偏误的原因进行了讨论分析,造成偏误的语言学原因主要是语际迁移、语内迁移中的负迁移,最后结合前文的研究结论,针对韩国留学生的汉语比较句学习,提出了教材编写和教学方法方面的建议。

由于本书研究需要统计各方面数据所占比重,这一类数据取小数点后两位再加"%"表示,均为约数,在此做统一说明。

目　录

第一章　绪论 ……………………………………………………………（1）
　　1.1　研究缘起及研究内容 ………………………………………（2）
　　1.2　研究目的及意义 ……………………………………………（6）
　　1.3　研究方法及语料来源 ………………………………………（7）
　　1.4　相关研究综述 ………………………………………………（9）
　　　　1.4.1　汉语比较句的本体研究 ……………………………（9）
　　　　1.4.2　汉语国际教育中的汉语比较句研究 ………………（10）
　　　　1.4.3　韩语比较句的研究 …………………………………（12）
第二章　基于语料库的韩国留学生汉语比较句习得情况考察 ………（14）
　　2.1　基于"HSK动态作文语料库"收集中介语语料 …………（14）
　　2.2　语料库中韩国留学生汉语比较句语料的基本情况分析 …（17）
　　　　2.2.1　A跟／和／像B（不）一样／差不多 ……………（17）
　　　　2.2.2　A比B＋形容词 ……………………………………（18）
　　　　2.2.3　A比B＋形容词＋程度／数量补语 ………………（18）
　　　　2.2.4　A比B＋动词＋宾语 ………………………………（19）
　　　　2.2.5　A比B＋动词＋补语 ………………………………（19）
　　　　2.2.6　一＋量词＋比＋一＋量词 …………………………（20）
　　　　2.2.7　A比B＋更／再／还＋形容词／动词短语 ………（20）
　　　　2.2.8　A比B＋"早／晚／多／少"＋动词＋数量补语 …（20）
　　　　2.2.9　比较句的否定式 ……………………………………（21）

2.3 韩国留学生习得汉语比较句偏误分析 （25）
2.3.1 语序不当 （26）
2.3.2 程度副词使用不当 （29）
2.3.3 否定词使用不当 （31）
2.3.4 补语使用不当 （32）
2.3.5 "是……的"强调结构的偏误 （34）
2.3.6 表比较的一般陈述句的偏误 （34）
2.3.7 比较句中倍数表达的偏误 （35）
2.3.8 比较项与结果项句法结构偏误 （37）
2.3.9 比较项与结果项语义搭配偏误 （40）
2.3.10 等比句中比较标记使用偏误 （43）
2.3.11 比较标记杂糅的偏误 （45）
2.3.12 否定比较标记使用不当 （46）
2.4 小结 （47）

第三章 韩国留学生习得汉语比较句语际迁移考察 （50）
3.1 韩汉比较句句型结构分析 （51）
3.2 韩汉等比句对比分析 （52）
3.2.1 "跟……一样（差不多）"与"와/과……같다，……와/과 마찬가지다（비슷하다）" （53）
3.2.2 "A像……B一样（X）"与"A은/는/이/가B처럼X（하）다" （57）
3.2.3 "A有B这么/那么X"与"A은/는/이/가B만큼X（하）다" （61）
3.3 韩汉差比句对比分析 （64）
3.3.1 "A比B+X"与"A은/는/이/가B보다+X（하）다" （64）
3.3.2 表示倍数的比较句方面 （74）
3.3.3 否定形式对比 （75）
3.4 韩国留学生母语迁移对汉语比较句习得的影响 （77）
3.4.1 正迁移方面 （77）
3.4.2 负迁移方面 （79）

3.5 小结 …………………………………………………………（83）

第四章 韩国留学生习得汉语比较句语内迁移情况考察 ………（85）
4.1 "不比""不如"和"没有"比较句考察分析 ……………（86）
    4.1.1 各否定比较句的句法特征分析………………………（87）
    4.1.2 各否定比较句的语义特征分析………………………（95）
4.2 比较句结果项中的"更"和"还"考察分析 ……………（101）
    4.2.1 句法分析………………………………………………（102）
    4.2.2 语义分析………………………………………………（106）
4.3 其他影响韩国留学生比较句习得的语内迁移 …………（113）
    4.3.1 "是……的"表强调句式方面的偏误………………（114）
    4.3.2 补语方面的偏误………………………………………（114）
    4.3.3 一般陈述句方面的偏误………………………………（115）
4.4 小结 …………………………………………………………（115）

第五章 韩国留学生汉语比较句的教学 …………………………（117）
5.1 완전 성공 중국어与《汉语教程》韩国版、中国版中的比较句 …………………………………………………………（118）
    5.1.1 三种教材中比较句语法点的分布……………………（119）
    5.1.2 三种教材中比较句语法点的讲解……………………（122）
    5.1.3 三种教材中比较句语法点的练习……………………（130）
5.2 汉语教材编写比较句语法项目建议 ……………………（138）
    5.2.1 语法点分布顺序方面…………………………………（140）
    5.2.2 语法讲解方面…………………………………………（142）
    5.2.3 针对性练习设计方面…………………………………（142）
5.3 韩国留学生的汉语比较句教学 …………………………（144）
    5.3.1 设计针对性的教学内容………………………………（144）
    5.3.2 教学方法的多样性……………………………………（145）
5.4 小结 …………………………………………………………（148）

第六章 结语 …………………………………………………………（149）
参考文献 ……………………………………………………………（151）
语料附录 ……………………………………………………………（155）

第一章
绪　论

汉语学习是来华留学生的首要学习任务,同时也是各个国家的大学中文系或中文专业学生的首要学习任务。韩国一直以来都是来华留学生的最大生源国[1],其中2020年在华韩国留学生约62000人,作为最大的在华留学生群体,做有针对性的汉语教学研究非常重要。

根据语言类型学,汉语和韩语分属于两种不同的语言类型[2];从语言的谱系分类上看,汉语和韩语分别属于汉藏语系和阿尔泰语系[3]。汉语和韩语,在语音、文字、词汇、语法等方面,都有很大的不同,怎样更好地分析和研究这些不同,怎样才能让母语为韩语的韩国留学生更好地学好汉语,是每个汉语研究者需要做的工作。

---

[1]　信息来源:中华人民共和国教育部网站 http://www.moe.gov.cn。

[2]　陆丙甫、金立鑫:《语言类型学教程》,北京大学出版社,2015,第3–5页。语言类型学主要从音系类型、词汇范畴类型、形态标记类型、语序类型等方面考查各种语言的共性和个性,并据此对世界上的语言进行分类,其中最重要的依据是语序类型,汉语的语序类型为"VO"型,韩语是"OV"型;其次是形态类型,汉语缺少系统性的形态变化,韩语具备黏着型的形态变化。根据语言类型学的研究分类,汉语属于孤立语,韩语属于黏着语;世界上的语言共有四种语言类型,孤立语、黏着语、屈折语与多式综合语,其中英语属于屈折语,意大利语属于多式综合语。

[3]　施杜里希:《世界语言简史》(第二版),吕叔君、官青译,山东画报出版社,2009,第198–200页、第208页、第213页。语言谱系分类法,是运用历史比较法,对相近的语言加以比较,根据词汇和语法材料上存在的语音对应关系,确定语言的共同来源,并据此把世界上的语言分为若干语系,又按其亲属关系的远近,分为语族和语支等。同一语系中的语言有亲属关系,不同语系的语言之间没有亲属关系;同一语族、语支中的语言之间亲属关系较近,不同语族、语支中的语言之间亲属关系较远。一般分为汉藏、印欧、闪含、高加索、阿尔泰、南亚、南岛等语系。其中汉语属于汉藏语系,韩语属于阿尔泰语系。

1.1 研究缘起及研究内容

人类的一般认知过程包括"感觉—知觉—记忆—思维—想象"这五个阶段,其中"感觉"是认知的第一阶段,是所有认知的基础,而"感觉"是建立在比较的基础上,感觉的产生过程实质上就是一个比较的过程,人类在认识世界的过程中无时无刻不在比较,语言的表达也充分体现了这一思维认知过程,语言中各种类型的比较句也是各种外语学习者学习的重点和难点。

在针对韩国留学生的汉语比较句教学中,我们经常能看到这样的句子:

* 他个子比我不高。

* 喝酒,谁都不比他。

* 我的发音比新生没有好的。

* 我岁数比同学们很大。

* 现在我的朋友比以前很多。

这些错误不是偶发的,而是系统性的、有规律的,而如何针对这些规律性的错误进行教学,是值得汉语研究者研究的问题。

汉语比较句的句式众多,句法结构复杂,语义表达丰富,语用功能多样。不同的比较句句式,因为句法结构的不同,语义和语义功能的不同,导致它们的难度不同。汉语学习者在学习这些句式的时候,掌握的程度也不同,造成这种学习差别的原因是多种多样的,既有韩语对汉语学习的影响,也有汉语比较句内部句法与语义、语用规则掌握程度存在差异。

在《汉语水平等级标准与语法等级大纲》[4]中,就对汉语比较句的难度进行了划分。具体内容(部分)如下。

比较句(甲级):1."比"字句
这座山比那座山高。
广州的天气不比上海冷。

---

[4] 国家对外汉语教学领导小组办公室汉语水平考试部编《汉语水平等级标准与语法等级大纲》,高等教育出版社,1996,第55页。

2. 跟（和、同）……一样
   她的年纪跟我一样。
3. 有（没有）……这么（那么）
   弟弟快有哥哥这么高了。

比较句（乙级）：1. 一天比一天（一次比一次、一个比一个……）
   这里的天气一天比一天暖和。
2. 像……这么（那么）……
   我不像他那么爱看电影。
3. 跟（同、和）……这么（那么）……
   小张跟小王合作得这么好。
4. ……不如……
   我不如他胖。

比较句（丙级）：1. A比B＋"早、晚、多、少"等＋动＋数量补语
   他比我们多学了半年中医，比你们少学了两个月。
2. A比B＋动＋"得……"（程度补语）
   他比我叠得快一些。
3. 带有"更、再、还"的比较句
   这块化石比那块更古老。
   这种瓜子就是比那种再好，我也不要。
   那批货物的质量已经够好了，可是这批比那批还好。
   在中国没有比这种再好的科普刊物了。

比较句（丁级）：1. A与（和、跟）B相近似
   苏州话与上海话相近似。
2. A高于（重于、大于、强于……）B
   国家和民族的利益高于任何个人的利益。
3. A高过（长过、胜过、强过……）B
   他的经营管理经验已经强过他的老师了。
4. A近似于（相当于、区别于、不亚于……）B
   我厂今年的生产总额近似于去年。
5. ……，以……居多
   在这所英语学校里学习的学生中，以中国学生居多。
6. A比B（名）还B
   他比诸葛亮还诸葛亮。

我们以《汉语水平等级标准与语法等级大纲》为参照系,将它与《对外汉语教学语法大纲》[5]进行比较,以表格的形式将两个大纲中的比较句式列出,如表一所示。

表一 两种大纲中比较句语法点列表

序号	比较句句式	等级大纲	语法大纲
1	A比/不比B+形	√(甲级)	√(分小类)
2	跟/和/同……一样	√(甲级)	√
3	有/没有……这么(那么)	√(甲级)	√
4	跟/同/和……这么(那么)	√(乙级)	—
5	(不)像……这么(那么)	√(乙级)	—
6	一天比一天(一次比一次……)	√(乙级)	√
7	……不如……	√(乙级)	√
8	A比B+动+宾语	—	√
9	A比B+形+程度/数量补语	—	√
10	A比B+动+"得……"(程度补语)	√(丙级)	√(分小类)
11	带有"更/再/还"的比较句(含否定式)	√(丙级)	√(分小类)
12	A比B+"早/晚/多/少"等+动+数量补语	√(丙级)	√
13	A与/和/跟B相近似	√(丁级)	—
14	A高于(重于/大于/强于……)B	√(丁级)	—
15	A高过(长过/胜过/强过……)B	√(丁级)	—
16	A近似于(相当于/区别于/不亚于……)B	√(丁级)	—
17	……,以……居多	√(丁级)	—
18	A比B(名)还B	√(丁级)	—

根据此表,可以直观地说明汉语比较句语法项目在汉语教学大纲中的基本情况,再结合我们在语料库中收集的韩国留学生所有的比较句语料,对本书的比较句研究范围作出了以下调整:

---

[5] 王还:《对外汉语教学语法大纲》,北京语言学院出版社,1995,第149-153页。

（1）将表格中的句式1、2、5、11中的肯定比较句式和否定比较句式分别列出,在前期考察韩国留学生习得汉语比较句的基本情况时,韩国留学生学习汉语否定比较句比学习汉语肯定比较句难度更大,偏误更多,具体情况在本书后续的论述、论证中有进一步的阐述,因此将否定比较句句型单独列出,并进行进一步考察分析;

（2）表格中的句式14、15、16中的比较是通过"于"和"过"实现的,并且这种表达出现在书面语中,在动态作文语料库中也出现得极少,可以将它们归入"于"和"过"的词汇教学中,不列入本书的研究范围;

（3）句式17,"以……居多"作为书面语中固定格式进行教学,同样不列入本书的研究范围;

（4）句式18是一种修辞表达方式,不列入本书的研究范围。

综上所述,本书的研究范围如表二所示。

表二 本书考察的比较句列表

序号	比较句句式
1	A比B+形容词
2	跟/和/同……一样
3	有……这么（那么）
4	跟/和/同/像……这么（那么）
5	一天比一天（一次比一次……）
6	A比B+动词+宾语
7	A比B+形容词+程度/数量补语
8	A比B+动词+"得……"（程度补语）
9	带有"更/再/还"的比较句的肯定式
10	A比B+"早/晚/多/少"等+动词+数量补语
11	A不比B+形容词
12	没有……这么（那么）
13	……不如……
14	不像……这么（那么）

1.2 研究目的及意义

针对韩国留学生学习汉语比较句出现的各种偏误,作为汉语研究者,秉着"从教学中来,回到教学中去"的原则,从教学中发现韩国留学生学习汉语比较句的问题,经过各种针对性的研究,再将研究成果运用到对韩国留学生的汉语教学中去,提高教与学的效率与质量。具体到韩国留学生习得汉语比较句,我们在研究中通过对韩国留学生学习汉语比较句出现的偏误的分析,从韩语和汉语的语际迁移[6]、汉语内部的语内迁移[7]、学生的学习策略、汉语教师的教学,以及汉语教材的编写等方面进行全面考察,找到发生偏误的原因,从而进行针对性的教学,进而能将造成韩国留学生汉语比较句习得偏误的人为因素降到最低,使韩国留学生取得较好的学习效果。

从汉语国际教育开展以来,语法的教学和学习就一直受到汉语教师和汉语学习者的重视。但是,由于对汉语语法规律本身认识的局限,以及对学习者母语对汉语学习影响的研究不足,针对汉语学习者的汉语语法研究一直都值得深入进行下去。

汉语比较句历来是汉语教学中的重点和难点,也是汉语学习者学习的重点和难点,从韩国留学生学习汉语的角度出发考察汉语比较句,能够有针对性地发现韩国留学生习得汉语比较句的特征,本书的研究意义在于:

从400万字的"HSK动态作文语料库"[8]中搜索出韩国留学生作文4171篇,共约152万字,其中有汉语比较句的作文1400多篇,将其中所有的汉语比较句全部收集汇总,并对所有句子进行分类,对偏误类型进行分析。以往针对留学生习得汉语比较句的句法分析,往往采取问卷调查的方式获得学生输出的比

---

[6] 陈昌来:《对外汉语教学概论》,复旦大学出版社,2005,第248页。语际迁移,即母语对目的语学习的负迁移,也称语际干扰。两种语言之间的差异点会产生这种干扰。

[7] 同[6],第248页。语内迁移,即第二语言学习过程中,目的语内部规则的相互迁移,也称语内干扰。偏误分析认为,初级阶段语际迁移起主要的干扰作用,而随着学习者水平的提高,语内迁移逐渐成为语言偏误的主要因素。

[8] http://hsk.blcu.edu.cn。"HSK动态作文语料库"是北京语言大学收集HSK(高等)考试中的部分作文所建立的语料库,标注了作文学生的国籍、作文题目,语料库中共有作文11569篇,总字数4240043字,其中韩国留学生作文4171篇,约152万字。语料库于2006年上线。

较句,这种缺乏上下文语境的孤立句子,很难准确判断偏误类型;而利用动态作文语料库进行偏误分析,得出的结论更加准确、科学。

汉语国际教育学界之前所作关于外国学习者学习汉语比较句的各项研究中,针对汉语比较句的分类往往基于本体研究,脱离了学习者使用的实际情况,我们利用动态作文语料库可以考察出韩国留学生使用汉语比较句的倾向性,并进一步分析原因,作出相应的教学调整,使韩国留学生更好地掌握汉语比较句。

针对韩国留学生的汉语比较句的习得研究成果并不丰富,还不足以提供很好的教学支撑,前人研究成果的具体情况将在后文中详述,特别是针对韩国留学生由于语际迁移产生的汉语比较句偏误的研究还未见有,因此本书将重点在此作出力所能及的研究及阐释。

历来学界对研究成果如何转化为教学、教材的实践应用都较为关注,学界发现问题、提出问题、研究问题、进行分析论证,最后得出结论,而这些结论如何实施到教学过程和教材编写中去,真正使研究成果转化为实际教学效果是从理论到实践的一次升华,本书也将在这方面作出积极尝试。

1.3 研究方法及语料来源

本书以汉语作为第二语言的习得研究、汉语与韩语的对比分析,以及汉语的本体研究为主体,在阐述和论证中采用了以下研究方法:

语料分析法和数据统计法。通过对"HSK动态作文语料库"中韩国留学生中介语语料的穷尽式考察和统计,分析得出韩国留学生习得汉语比较句的偏误类型、使用各类比较句句型的正确率及频率;针对韩国留学生因语内负迁移造成的偏误,通过分析现代汉语语料库得出中国人使用这些汉语比较句的句法规则,找到韩国留学生产生偏误的原因。

对于第二语言习得研究中经常采用的调查测试法,本书并未采纳,其原因在于,所有的问卷测试的试题本身均存在被调查人"猜对正确答案"的概率,虽然可以通过扩大取样数量来尽量降低这种情况对整体数据的影响,但是这对测试题目本身的要求极高,很难避免此类情况的发生。

而我们利用"HSK动态作文语料库"就可以避免这种情况的发生,所有的语料均从学生的汉语篇章中获取,是在表达某一话题时自然表述出的比较句,并且使用"HSK 动态作文语料库"还可以在最大程度上提高偏误类型分析的科学性。利用问卷测试得出的偏误句子往往脱离具体语境,错误的句子有时根据学习者要表达的不同意思可以订正成为不同的正确句子,而偏误类型正是根据错误句子与正确句子的比较统计得出的,这样就会产生统计分析的错误,而这也是前人研究时被忽略的地方,会直接影响研究结论的科学性。

我们从语料库中共得到 1400 多句韩国留学生输出的汉语比较句,无论从数量上还是质量上都是前人研究所未达到的,能够有效保证本书研究结论的科学性。

语言对比分析法。在获得科学的偏误类型之后,进一步对偏误成因进行分析,偏误的形成原因是复杂的,从语言学角度看,主要有语际迁移和语内迁移两类,针对语际迁移的形成我们采用语言对比分析法,将韩语比较句与汉语比较句进行比较分析,找出韩国留学生受母语影响比较大的方面,便于进行有针对性的教学和编写教材。

描写语言面貌与解释分析相结合的方法。在对韩国留学生学习汉语比较句时的语际迁移和语内迁移进行分析时,既要把韩语和汉语的比较句面貌描述清晰,也要对这些语言现象进行深入分析。

理论研究与教学实践相结合的方法。对于汉语国际教育来说,所有的研究都从教学中来,而研究成果的最好归宿在于能够应用到教学实践中去,在前期研究完成的基础上,进一步讨论如何有针对性地进行教学和编写教材也是本书的一个重要任务。

本书的语料来源为北京语言大学的两个公开可查询语料库——HSK 动态作文语料库和 BCC 现代汉语语料库[9]。"HSK 动态作文语料库"字数为 400 多万字,学生的汉语水平均为"高等"[10],即相当于新 HSK 五级、六级的水平,其中韩国留学生语料为 152 万字左右,"BCC 现代汉语语料库"的"文学"部分字数为 30 亿字,两个语料库能够满足本书进行科学研究的需要。

---

[9] http://bcc.blcu.edu.cn。
[10] HSK 动态作文语料库使用说明参见 http://hsk.blcu.edu.cn。

1.4 相关研究综述

1.4.1 汉语比较句的本体研究

汉语比较句作为汉语中的一类较为特殊的句式,它的研究历来受到中国语言学家的重视,对汉语比较句的研究一直没有停止过。

最早将比较句作为一种特殊句型进行研究的是黎锦熙,他的《新著国语文法》出版于 1924 年,是真正意义上的现代汉语语法研究的第一部著作,奠定了现代汉语语法研究的基础和框架,他将比较句分为"平比句""差比句""审决句",并归纳了比较词,如"像""强于""不如""没有"等[11]。

吕叔湘的《中国文法要略》初版发行于 1942 年,他在第十九章《异同·高下》中论述:"异同,高下,都生于比较,所以本章所论句法可以总称为比较句。……必须有相同的部分,又有相异的部分,才能同中见异,或异中见同,才能有比较关系……"[12]吕叔湘对比较句的研究对之后比较句的研究产生很大的影响。

黎锦熙和吕叔湘对比较句的研究确定了汉语比较句的研究范围和基本分类,为将来的汉语比较句研究奠定了基础。

朱德熙《语法讲义》成书于 1962 年,在"介词"部分讨论了"跟/和/同……一样"结构[13]和"比"字结构[14],汉语语法学界至此开始对比较句的微观研究。

黄祥年《比较句中的"更"和"还"》[15]以及马真的《程度副词在表示程度比较的句式中的分布情况考察》[16]考察了程度副词在汉语比较句中的句法特征,这是最早的关于汉语比较句微观方面的学术论文。

---

[11] 黎锦熙:《新著国语文法》,湖南教育出版社,2007,第 255–259 页。
[12] 吕叔湘:《中国文法要略》,商务印书馆,2014,第 491–493 页。
[13] 朱德熙:《语法讲义》,商务印书馆,1982,第 176–178 页。
[14] 同[13],第 189–190 页。
[15] 黄祥年:《比较句中的"更"和"还"》,《语言教学与研究》,1984 年第 1 期。
[16] 马真:《程度副词在表示程度比较的句式中的分布情况考察》,《世界汉语教学》,1988 年第 2 期。

相原茂的《汉语比较句的两种否定形式——"不比"型和"没有"型》[17]是最早讨论比较句否定形式的论文。

我们现在站在当下的学术研究水平上回看最初的汉语比较句研究成果,其中难免有值得商榷之处,但从当时的学术研究水平来看,这些都是开创性的研究成果,并且都对之后汉语比较句的研究产生了很大影响。

在此之后比较句本体研究的成果越来越多,研究的角度越来越多,也越来越细致,在此我们不再赘述,而是重点考察与本书研究密切相关的,汉语国际教育视角下的汉语比较句研究。

1.4.2 汉语国际教育中的汉语比较句研究

随着汉语国际教育的发展,从第二语言教学的角度进行汉语研究的新思路和新课题越来越多,这些研究从汉语教学中发现问题,研究的结论也为汉语教学提供了支持。从研究的角度来看,主要有汉语与外语的对比研究、汉语习得研究以及汉语教学研究,具体到汉语比较句这一语法项目,主要的研究成果有:

第一,汉语比较句的第二语言教学研究。

刘月华等的《实用现代汉语语法》从汉语教学的角度对汉语的语法进行了系统的分析,其中对比较句的研究有:将比较句分为两类"比较事物、性状异同,以及比较性质、程度差别、高低"[18]。

吕文华的《对外汉语教学语法探索》[19]中,针对比较句的语法教学,提出了比较句的语法项目排序问题。

谢白羽的博士论文《面向对外汉语教学的比较句研究》[20],首先基于本体研究,对汉语比较句的语序类型、不对称特征、量性特征、否定特征、主观性特征等方面进行研究,最后讨论了比较句教学的一些问题。

近些年有很多论文讨论汉语比较句的教学,如田煜、谢晓明的《汉语比较

---

[17] 相原茂:《汉语比较句的两种否定形式——"不比"型和"没有"型》,《语言教学与研究》,1992年第3期。
[18] 刘月华,潘文娱,故铧:《实用现代汉语语法》(第三版),商务印书馆,2019,第826页。
[19] 吕文华:《对外汉语教学语法探索》(增订版),北京语言大学出版社,2008。
[20] 谢白羽:《面向对外汉语教学的比较句研究》,博士学位论文,华东师范大学,2011。

句二语教学刍议》[21],郑红的《汉语比较句研究与留学生教学》[22],娄桂岩的《基于对外汉语教学的现代汉语比较句研究》[23],都是从汉语作为第二语言教学的角度对汉语比较句进行考察分析。

第二,汉语比较句的汉外对比研究。

把汉语与汉语学习者的母语进行对比分析,有利于预测和分析学习者的学习重难点,因此,随着汉语国际教育的发展,这一类研究也逐渐受到重视。

其中针对韩国留学生学习汉语比较句的研究成果有:柳英绿的《韩汉语比较句对比》[24],分析讨论了韩语和汉语中三种对应的比较句的句法和语义的异同;金民庆《汉韩比较句的特征分析与重组》[25]对比分析了汉语和韩语的三种比较句;关馨的《韩国语"보다"比较句和汉语"比"句的对比研究》[26]对比分析了一种韩汉比较句;孟河永《汉韩比较句对比分析》[27]对韩汉比较句进行了分类对比分析。

这些韩语比较句和汉语比较句的对比分析,丰富了韩语与汉语比较句对比分析的研究成果,也给对韩汉语教学提供了支持,但是这些研究都没有基于韩国留学生学习汉语的特点来进行对比分析,即没有从对韩汉语教学的角度进行韩语与汉语比较句的对比分析,是对韩汉比较句全面的对比分析,并不区分韩国留学生学习汉语比较句的重难点。

第三,汉语比较句的第二语言习得研究。

在习得研究中偏误分析是重要的组成部分,针对韩国留学生习得汉语比较句的偏误分析研究主要有:解植永、王建《韩国留学生习得汉语比较句的偏误分析》[28]对韩国留学生学习汉语比较句的偏误及原因进行了分类和分析;侯

---

[21] 田煜、谢晓明:《汉语比较句二语教学刍议》,《云南师范大学学报》(对外汉语教学与研究版),2019年第4期。
[22] 郑红:《汉语比较句研究与留学生教学》,硕士学位论文,郑州大学,2014。
[23] 娄桂岩:《基于对外汉语教学的现代汉语比较句研究》,硕士学位论文,黑龙江大学,2014。
[24] 柳英绿:《韩汉语比较句对比》,《汉语学习》,2002年第6期。
[25] 金民庆:《汉韩比较句的特征分析与重组》,博士学位论文,华东师范大学,2017。
[26] 关馨:《韩国语"보다"比较句和汉语"比"句的对比研究》,硕士学位论文,延边大学,2014。
[27] 孟河永:《汉韩比较句对比分析》,硕士学位论文,天津师范大学,2020。
[28] 解植永、王建:《韩国留学生习得汉语比较句的偏误分析》,《云南师范大学学报》(对外汉语教学与研究版),2011年第5期。

雪艺《中级水平韩国留学生汉语比较句习得分析》[29]针对中级阶段的韩国留学生学习汉语比较句收集偏误语料进行分析,并对产生偏误的原因进行了讨论;张亚利《比较句中的"还"和"更"在对韩教学中的应用研究》[30]从结构、语义、语用三个角度分析了汉语比较句"更"和"还"的区别,对涉及的偏误进行了分析讨论。此外还有针对韩国留学生比较句习得顺序的研究,如朱云凤的《韩国留学生汉语比较句习得顺序考察及言语加工策略研究》[31]通过调查问卷收集偏误语料,经过统计分析确定韩国留学生习得汉语比较句的习得顺序。

　　以上的研究有一个共同特点,所有的偏误语料均来自研究者自行设计的试卷或调查问卷,这样收集的优势在于可以比较全面的收集各个比较句句法结构的偏误语料;不足之处在于,这不是相对自然的语言环境中获取的偏误语料,不能反映学生使用汉语比较句频率上的差异,且针对偏误的分类由于缺少语境很难准确无误进行划分,所收集的偏误语料取决于试卷和问卷调查的内容,这对测试题目的正确性要求极高。

1.4.3　韩语比较句的研究

　　양철배의 차등비교문 보다 더 에 관하여[32]将韩语比较句分为等比比较句和差比比较句两类,从比较项、比较词等方面对韩语比较句进行分析,并从语义的角度对韩语比较句进行了考察。

　　김승곤의 견줌월연구[33]对韩语比较句中的比较助词用法进行了考察,对"보다""처럼""만큼""와/과"等比较助词进行了比较。

　　김해월和변성연的 한국인의 중국어 비교문 습득 오류 분석[34]对初级、中级、高级韩国留学生学习汉语比较句时的各类偏误进行了分析,明确了韩国留学生习得汉语比较句时的过程和规律,从而确定了韩国人比较句教学的重点,是韩国人最早研究韩国留学生习得汉语比较句偏误的论文。

---

　　[29]　侯雪艺:《中级水平韩国留学生汉语比较句习得分析》,硕士学位论文,安徽大学,2018。
　　[30]　张亚利:《比较句中的"还"和"更"在对韩教学中的应用研究》,硕士学位论文,山东大学,2016。
　　[31]　朱云凤:《韩国留学生汉语比较句习得顺序考察及言语加工策略研究》,硕士学位论文,北京语言大学,2011。
　　[32]　양철배:차등비교문 보다 더 에 관하여,서울대학교 국어국문학,1983 년제 18 집。
　　[33]　김승곤:견줌월연구,한글학회,1987 년한글 196 호。
　　[34]　김해월、변성연:한국인의 중국어 비교문 습득 오류 분석,한국여성교양학회지,2005 년제 14 집。

오경숙对韩语比较句进行了较为系统的研究,除了一系列的论文以外,他的研究成果主要集中在*한국어의 비교구문 연구*[35]一书中,他将比较句分为等比比较句和差比比较句,并对两类比较句的句法、语义差别进行了研究。

　　综上所述,汉语比较句的本体研究和汉语国际教育视角下的汉语比较句研究都取得了很多研究成果,但是各个研究角度相对分散,没有整合成为一个研究整体,并且在对韩汉语教学中,偏误语料的收集存在很多人为因素的影响,直接影响研究结论的科学性。

　　本书的研究力图在这些方面作有益的尝试,基于"HSK 动态作文语料库"中的所有韩国留学生的汉语比较句语料,分析所有韩国留学生使用的比较句句法结构类型,收集其中的偏误语料,对偏误类型进行分析,针对偏误分析讨论造成偏误的原因,同时对韩语和汉语比较句进行对比分析,通过分析找到产生偏误的母语和目的语的因素,在教材编写、教学方法上进行针对性的设计,将研究的成果应用到教和学的实践中去。

---

[35] 오경숙:한국어의 비교구문 연구,박이정,2010。

第二章[1]
基于语料库的韩国留学生汉语比较句习得情况考察

针对第二语言学习者习得第二语言进行各方面的研究时,学习者的中介语(Interlanguage)语料是最基本的研究材料,中介语[2]是指第二语言学习者建构起来的介于母语和目的语之间的过渡性语言,它处于不断的发展变化过程中,并逐渐向目的语靠近。中介语语料反映出学习者在第二语言习得过程中的基本语言面貌,它偏离第二语言并无限接近第二语言。对使用不同母语的第二语言学习者的中介语语料进行研究,既能发现所有第二语言学习者的普遍性问题,也能发现使用不同母语的学习者的个别性问题。对于韩国留学生习得汉语比较句,我们同样需要收集韩国留学生的中介语语料,进行有针对性的研究。

2.1 基于"HSK动态作文语料库"收集中介语语料

通过研究第二语言学习者的中介语语料,我们能够分析得出他们在习得

---

[1] 本章所有语料均来自"HSK动态作文语料库"中韩国留学生的作文,每一条语料后不再注明出处。
[2] 陈昌来:《对外汉语教学概论》,复旦大学出版社,2005,第255页:"对于第二语言习得者来说,整个学习过程伴随着母语规则迁移和目的语规则泛化,从而产生一系列逐渐趋近但始终不同于母语和目的语的中间过渡状态的语言",不同母语背景的学习者有不同的中介语系统,这个中介语系统会随着学习者目的语掌握程度的加深而无限趋近于目的语,第二语言学学习者输出的所有目的语都属于中介语。

过程中产生的各种偏误,分析研究偏误产生的原因,进而能够针对偏误产生的原因,找到解决学习者习得第二语言的各种困难和问题的方法,使第二语言习得研究最终回到第二语言教学中去,为第二语言教学服务,这也是本书研究的基本逻辑。但在执行这一研究逻辑时,首先要面对的就是学习者的中介语语料的收集问题,目前针对汉语学习者的习得研究中,绝大部分的语料都是通过调查问卷获得的,这样的情况同样存在于针对韩国留学生习得汉语的研究中,此前我们在第一章的研究现状部分已经指出了这一问题,这样获取的中介语语料会面对以下无法避免的几个问题:

第一,调查问卷的各种题型如何确保反映受试者的真实语言水平。在所有以获得中介语语料为目的的调查问卷设计中都有选择题、完成句子以及造句等各类题型,这样的题型也经常出现在学生的成绩测试的试卷中,题型是学生熟悉的,可以尽量减少学生因为紧张造成的错误,但同时有学生通过猜测和推导得出正确句子的可能,特别是选择题,无法保证通过调查问卷得到的语料都能反映学生真实的学习情况。

第二,调查问卷中涉及同一语法项目的不同难度等级的语法点时,怎样确保受试者都已学过涉及的语法点。在外国学生习得汉语研究的成果中,受试者一般被分为初、中、高三个等级,而他们所面对的调查问卷却是同一份,初级学习者所学汉语有限,中、高级才涉及的语法点他们没有学习,但从最终统计的结果看,即使是初级学习者也有将中、高级才学习的语法点的题目做对的情况,这种情况并不能说明学习者掌握了该语法点,很可能是由题型造成的"误判"。

第三,如何确保从调查问卷中得出的语料分析得出正确的偏误类型。由于调查问卷的题型所限,所有的语料基本没有上下文语境,而有部分中介语语料只看单独的句子无法确定偏误类型,如:

*[3]在韩国有很多歌手,但是大部分的歌手外形比唱的水平更重要[4]。

这个错句如果没有上下文语境,就有两种改正形式:

---

[3] 本书中所有偏误的语料前均标记"*",与正确的句子加以区别。由于本书所涉及的语料多,且原文均以作文的形式出现,因此不能将"HSK 动态作文语料库"中涉及比较句语料的 1400 多篇作文全部作为附录附在正文之后,我们仅选取了脱离上下文语境会出现多种修正情况的部分语料附在书后。

[4] 本条语料原文见本书语料附录。

a. 在韩国有很多歌手,但是大部分歌手认为外形比唱的水平更重要。

b. 在韩国有很多歌手,但是大部分歌手外形比唱的水平更好。

如果是改正成为 a 句,错句的偏误类型为"遗漏";如果改正成为 b 句,错句的偏误类型则为"错位"。虽然这样的语料所占数量不多,但从研究的科学性和准确性的角度看,这样的情况越少则最终结论越准确。

基于以上这些采用调查问卷方式获得语料时必然出现的问题,本书在语料的收集上没有采用常用的调查问卷法,而是利用北京语言大学的"HSK 动态作文语料库"来收集韩国留学生比较句的语料。

"HSK 动态作文语料库"是母语为非汉语的非中国人参加汉语水平(高等)考试的作文部分的答卷语料库,于 2006 年上线,经过数次修订,最近一次修订为 2018 年,目前共收有作文 11569 篇,共 424 万多字,词汇总数为 282 万多个,共有 51 次汉语水平(高等)考试的作文答卷,其中韩国留学生作文篇数为 4171 篇,在所有参加考试的外国学生中数量第一,按平均每篇字数 366 字计算,韩国留学生语料总字数为近 152 万字。

本书针对韩国留学生学习汉语比较句的语料将从"HSK 动态作文语料库"中进行穷尽式的搜索收集,将语料库中韩国留学生的 152 万字语料中所有的比较句全部收集整理,并进行分析研究,这样收集的语料的优势在于:

第一,所有的中介语语料均来自学生的作文语料。这些语料不是针对某个语法项目和语法点设计的各种题目造句得出的语料,所有的语料是因为学生的表达需要自然产出的,也不存在学生因为选择题有备选项而恰好选到了正确答案,而不是真正做对的这种情况;同时这些语料也是自然表达产出的,而不是根据调查问卷中的题目设置的语境进行表达,这些语料的上下文语境都是学习者自己围绕某一话题进行的表达,保证了语料表达的科学性和自然性。

第二,能够确保学生输出的语料是他们自己认为已经掌握了的语法项目或语法点,而不会超出他们已经掌握的汉语表达水平。在传统的调查问卷设计中,同一语法项目如果涉及不同难度等级的语法点,这些语法点的题目出现在同一张调查问卷中就会有超出学习者学习进度的语法点出现,不能保证所获得语料的客观性和科学性,而从作文中收集的语料不会出现这样的情况,保证了语料的准确性。

第三,能够确保后续分析研究学习者偏误类型的准确性。调查问卷中的造句或者完成句子这一类的题型,脱离上下文语境,如果学生出现错误,可能会有多种改正的句子形式,这样分析得出的偏误类型是不准确的,而从作文中收集的语料不存在这个问题。上下文语境是学生围绕某一话题自然表达出来的,如果出现偏误的句子有多种改正形式,就可以回到上下文语境中去找出学生的表达意图,据此改正错句,进而分析得出正确的偏误类型,保证偏误分析的科学性。

综上所述,本书进行定性、定量分析的语料均来自"HSK 动态作文语料库"[5],保证数据的准确性和科学性,在举例时有少部分例句来源于韩国留学生的日常作业,这部分语料都有备注。

2.2　语料库中韩国留学生汉语比较句语料的基本情况分析

对"HSK 动态作文语料库"中的韩国留学生汉语比较句语料进行穷尽式搜索后,我们共得到比较句语料 1483 句,其中等比句 219 句,差比句 1264 句。差比句中"比"字比较句 1052 句,否定比较句 212 句。从搜索到的语料数量上看,在目前对韩国留学生习得比较句研究方面,本书研究的语料数量是最多的,这有利于后续研究的科学性。具体分析有如下句法结构的比较句。

2.2.1　A 跟／和／像 B（不）一样／差不多

语料库中这一句法结构的比较句共有 219 句,其中正确的句子有 150 句,错误的句子有 69 句;其中错误的句子在所有出现该句型的语料中占比为 31.50%,错误的句子在所有比较句语料中占比为 4.70%。举例如下:

［1］[6]他们的想法还是跟以前一样,停留不变。

［2］因此子女的想法和观念跟父母不一样。

［3］可是这次也像上次一样,三个人都用各种各样的借口,不肯干活、

---

［5］"HSK 动态作文语料库"以下行文中简称为"语料库"。

［6］为了更便捷地行文及阅读,每一章的语料编号均从［1］开始。

挖地。

*[4]当时,我一直不理解父亲对我的态度,比我朋友的父亲不一样。

*[5]爸爸像妈一样小气了。

*[6]对个人健康,人们的关心是跟以前不一样。

*[7]弟弟如我一样像爸爸。

值得注意的是,在语料库中,符合这一句法格式的语料中,有相当一部分是表示比况和比喻的句子,如:

[8]像上面举的例子一样,我家里也经常发生这样的事。(比况)

[9]他们觉得吸烟是一种成人的权力,所以自己跟成人一样吸烟,会显得酷。(比况)

[10]人们常常说时间像流水一样。(比喻)

*[11]首先每个人注重保护环境才能我们跟现在一样生活下去。(比况)

*[12]你们好像是孩子一样高兴了。(比况)

在统计偏误语料时,要注意加以区分,只有表示比较的语料才能进入我们考察的范围。

2.2.2　A比B+形容词

语料库中这一句法结构的语料有234句,其中正确的句子有142句,错误的句子有92句;其中错误的句子在所有出现该句型的语料中占比为39.30%,错误的句子在所有比较句语料中占比为6.20%。举例如下:

[13]可是我觉得流行歌曲的好处比坏处多。

[14]他的责任比别的人大。

*[15]吸烟者比非吸烟者痰的发生率很高。

*[16]可是生存环境比以前不好。

2.2.3　A比B+形容词+程度/数量补语

语料库中这一句法结构的语料有193句,其中正确的句子有141句,错误的句子有52句;其中错误的句子在所有出现该句型的语料中占比为26.90%,

错误的句子在所有比较句语料中占比为 3.50%。举例如下：
　　［17］现在人们的生活情况比过去好多了。
　　［18］现在的土地比以前恶化得多。
　＊［19］上了大学以后比以前我的生活轻松多了。
　＊［20］虽然他是比我小三岁,我对这件事不在意。

2.2.4　A 比 B＋动词＋宾语

语料库中这一句法结构的语料有 20 句,其中正确的句子有 7 句,错误的句子有 13 句；其中错误的句子在所有出现该句型的语料中占比为 65.00%,错误的句子在所有比较句语料中占比为 0.90%。举例如下：
A 比 B＋动词(能愿动词、心理动词、动词"有")＋宾语
　　［21］我是高中学生,所以比成人喜欢流行歌曲。
　　［22］跟他们学比自己有优势的地方。
　＊［23］比五十岁以上的人可享受自由、开朗。
　＊［24］可我比任何人知道你们,不该这样。
　＊［25］抽烟的人比不抽烟的人得到病的机会非常高。

2.2.5　A 比 B＋动词＋补语

语料库中这一句法结构的语料有 19 句,其中正确的句子有 10 句,错误的句子有 9 句；其中错误的句子在所有出现该句型的语料中占比为 47.40%,错误的句子在所有比较句语料中占比为 0.60%。虽然例句数量不多,但还可细分为两小类,举例如下。
第一, A 比 B＋动词＋得＋程度补语。
　　［26］可是他们对变化莫测的社会总比长者们了解得快。
　　［27］可是我比以前学得快。
　＊［28］现在人们生活水平提高得比以前好多了。
　＊［29］那个人比吃"绿色食品"的人早点死。
第二, A＋B＋(程度副词)＋动词(提高类动词、变化类动词)＋(程度补语)。

[30]我的唱歌能力比以前提高多了。

[31]虽然现在人们生活水平比以前大大提高了,但是对精神方面的活动很不够。

*[32]随着社会的发展,人们水平的提高,歌曲也比以前变得多了。

2.2.6 一＋量词＋比＋一＋量词

语料库中这一句法结构的语料有 27 句,其中正确的句子有 17 句,错误的句子有 10 句;其中错误的句子在所有出现该句型的语料中占比为 37.00%,错误的句子在所有比较句语料中占比为 0.70%。举例如下:

[33]您们那儿也一天比一天热吧!

[34]老师说我的汉语水平一天比一天好。

*[35]一天比一天地变。

*[36]土地一天比一天小一点。

2.2.7 A 比 B＋更／再／还＋形容词／动词短语

语料库中这一句法结构的语料有 365 句,其中正确的句子有 230 句,错误的句子有 135 句;其中错误的句子在所有出现该句型的语料中占比为 37.00%,错误的句子在所有比较句语料中占比为 9.10%。举例如下:

[37]每天上网的时候,进韩国网站的时间比进中国网站查中国历史的时间更多。

[38]他比以前更体贴我们,更关照我们。

[39]中文能力方面比中文系学生还强。

*[40]我认为解决饥饿时比吃绿色食品更重要。

*[41]听说女人比男人抽烟对身体更不好。

2.2.8 A 比 B＋"早／晚／多／少"＋动词＋数量补语

这一句法结构在语料库的比较句中只有一例,如举例下:

[42]他是比我早来两个月的学生。

2.2.9 比较句的否定式

比较句的否定式在语料库中共有 213 句,其中正确的句子有 143 句,错误的句子有 70 句,总体错误率为 32.90%。比较句的否定式可以细分为以下几小类。

2.2.9.1 A 不如 B(+形容词)

这一句法结构有 88 句,其中正确的句子有 63 句,错误的句子有 25 句;其中错误的句子在所有出现该句型的语料中占比为 28.40%,错误的句子在所有比较句语料中占比为 1.70%。举例如下:

[43]最近我很担心您的健康不如以前。
[44]那时三个人不如一个人干事好。
*[45]其实我的一位朋友王丽高兴不如我。
*[46]可是我对他们的尊敬心不如我父亲。

2.2.9.2 A 不比 B(+形容词)

这一句法结构在语料库中数量很少,只有 5 句,正确的句子 2 句,错误的句子 3 句;其中错误的句子在所有出现该句型的语料中占比为 60.00%,错误的句子在所有比较句语料中占比为 0.20%。举例如下:

[47]生活的活力不比以前。
[48]可是农村生活,有的时候很艰苦,有的时候不比城市生活方便。
*[49]我们生活当中应该考虑不比我们生活水平还好的人的处境。
*[50]我没有不比看见您们更重要的事。

2.2.9.3 A 比不上 B(+形容词)

这一句法结构在语料库中有 39 句,正确的句子 28 句,错误的句子 11 句;其中错误的句子在所有出现该句型的语料中占比为 28.20%,错误的句子在所有比较句语料中占比为 0.70%。举例如下:

[51]任何东西都比不上生命的价值。
[52]当然比不上我故乡的生活,但北京的生活还不错。

*[53]可我的汉语水平比不上欧洲同学那么流利,是因为上大学时没专心学汉语。

*[54]我们生长的条件、教育程度都比不上他们好。

2.2.9.4 A 不像 B 这么 / 那么 + 形容词

这一句法结构在语料库中有 31 句,正确的句子 21 句,错误的句子 10 句;其中错误的句子在所有出现该句型的语料中占比为 32.30%,错误的句子在所有比较句语料中占比为 0.70%。举例如下:

[55]北京不像你们想象的那么不发达。

[56]现在的农业不像以前的农业了。

*[57]我的体力也不像以前强得多了。

*[58]现在的年轻人不像跟以前那样听老人家的话。

2.2.9.5 A 没有 B (这么 / 那么) + 形容词

这一句法结构在语料库中有 38 句,正确的句子 24 句,错误的句子 14 句;其中错误的句子在所有出现该句型的语料中占比为 36.80%,错误的句子在所有比较句语料中占比为 0.90%。举例如下:

[59]从前生活条件没有现在这么富裕。

[60]这儿的天气没有韩国好。

*[61]了解上一辈以后,我们可以晓得他们也没有那么保守的人。

*[62]父亲也对我好像这个世界没有他那么好对待我,所以我一直感谢父亲的恩情。

2.2.9.6 A 没有比 B (+ 形容词)

这一句法结构在语料库中数量很少,只有 12 句,正确的句子 5 句,错误的句子 7 句;其中错误的句子在所有出现该句型的语料中占比为 58.30%,错误的句子在所有比较句语料中占比为 0.50%。举例如下:

[63]作为一个留学生来讲,没有比它更高兴的时候了。

[64]现代生活节奏快,工作压力大,学习压力大,得找一种方法来缓解,这时没有比流行歌曲更好的啦!

*［65］因为自己没有比歌手那么好的歌唱力。

*［66］最近有点儿忙,所以没有比以前写信的时间。

根据"HSK动态作文语料库"中所有韩国留学生的比较句语料,可以把韩国留学生使用的汉语比较句句型及出现的错误占比情况归纳如表一所示。

表一 "HSK动态作文语料库"中韩国留学生汉语比较句句型及错误率表

比较句的语义类别			句式结构	错误占比率1	错误占比率2
等比句	肯定式	1	A跟/和/像B一样/差不多	4.70%	31.50%
	否定式	2	A不像B这么/那么+形容词	0.70%	32.30%
		3	A没有B（这么/那么）+形容词	0.90%	36.80%
差比句	肯定式	4	A比B+形容词	6.20%	39.30%
		5	A比B+形容词+程度/数量补语	3.50%	26.90%
		6	A比B+动词+宾语	0.90%	65.00%
		7	A比B+动词+补语	0.60%	47.40%
		8	一+量词+比+一+量词	0.70%	37.00%
		9	A比B+更/再/还+形容词/动词短语	9.10%	37.00%
		10	A比B+"早/晚/多/少"+动词+数量补语	0	0
	否定式	11	A不如B（+形容词）	1.70%	28.40%
		12	A不比B（+形容词）	0.20%	60.00%
		13	A比不上B（+形容词）	0.70%	28.20%
		14	A没有比B（+形容词）	0.50%	58.30%

"错误占比率1"是各句型中错误的句子在所有1483句比较句语料中的占比,"错误占比率2"是各句型中错误的句子在该句型所有语料中的占比,这样进行统计的原因是:

第一,学生在输出汉语比较句时受到各种主客观因素的影响,进而影响各比较句句型的数量,客观原因与各比较句句型在教材中出现的先后顺序及教师的教学有关,主观原因则与学生对比较句句法结构的掌握程度密切相关,学生在表达时主观上会选择自己把握较大的句型。这些主客观方面的因素都会影响比较句各句型的语料数量,但是各句型的错误句子在比较句所有语料中的占比(即"错误占比率1")只能说明该句型错误句子在所有语料中的数量占比情况,不能完全说明该句型错句的所有情况。

第二,对各句型中错误句子在该句型所有语料中的占比(即"错误占比率2")进行统计,则可以说明,学生在选择使用该句型的情况下所出现错误的比率。将"错误占比率1"与"错误占比率2"综合考察,能够更清楚地发现韩国留学生习得汉语比较句各句型的错误情况。比如,对于"否定比较句"各个句型的错句,在语料总数中占比都不高(0.20%—1.80%),但它们在各自句型的语料总数中占比都相对较高(28.20%—60.00%),这说明,虽然"否定比较句"的错句在所有比较句语料中数量不多,即错误相对值不高,但这些错句在该句型的语料中错误的绝对值并不低,即在应该使用这些句型的语境中,错误率仍然较高,应该引起研究者的重视,不能因为这些错句在语料总数中的占比率相对较低就有所忽视。

从统计分析数据来看,各比较句句型中,"错误占比率2"在28.20%—65.00%,由于语料来源是相当于新HSK五级到六级水平的韩国留学生,从学生汉语水平上看,这一数值是比较高的,且部分比较句句型"错误占比率2"超过了50.00%,如"A不比B(+形容词)""A比B+动词+宾语",除此以外,"A没有B(这么/那么)+形容词""A比B+动词+补语""A比B+更/再/还+形容词/动词短语"等句法结构的比较句句型的"错误占比率2"也较高。

其中,"A比B+"早/晚/多/少"+动词+数量补语"因为只出现了一句,不具有统计学上的意义;"A有B+这么/那么+形容词"在语料库中没有出现,但由于韩语中有对应这一格式的韩语比较句"A은/는/이/가B만큼X",因此在后续的讨论分析时也涉及了"A有B+这么/那么+形容词"这一句法结构。

同时可以得出各比较句句型的使用频率,即各比较句句型出现的数量在所有比较句语料1483句中所占比率,如表二所示。

表二 "HSK动态作文语料库"中韩国留学生汉语比较句频率表

比较句的语义类别			句式结构	占比
等比句	肯定式	1	A跟／和／像B（不）一样／差不多	14.80%
		2	A有B这么／那么+形容词	0
	否定式	3	A不像B这么／那么+形容词	2.00%
		4	A没有B（这么／那么）+形容词	2.50%
差比句	肯定式	5	A比B+形容词	15.80%
		6	A比B+形容词+程度／数量补语	13.00%
		7	A比B+动词+宾语	1.30%
		8	A比B+动词+补语	1.30%
		9	一+量词+比+一+量词	1.80%
		10	A比B+更／再／还+形容词／动词短语	24.60%
		11	A比B+"早／晚／多／少"+动词+数量补语	0.07%
差比句	否定式	12	A不如B（+形容词）	5.90%
		13	A不比B（+形容词）	0.30%
		14	A比不上B（+形容词）	2.60%
		15	A没有比B（+形容词）	0.80%

2.3 韩国留学生习得汉语比较句偏误分析

在韩国留学生的比较句语料中，错误的句子共有450句，虽然数量较大，占比较高，达到30.00%，但是这些错句的错误类型是比较集中的，具有一定的规律性，这样的错误在第二语言教学研究领域被称为"偏误"，"偏误"区别于"失误"。《学习者语言偏误的意义》对"'失误'（mistakes）和'偏误'（errors）进行了区分[7]。失误指口误、笔误等语言运用上偶然的错误,像我们不小心把'小张'说成了'小王',是偶然发生的,和语言能力无关。偏误是系统性的,像'我把杯子碰'这样的句子反映的是第二语言学习者语言能力的不足。这种偏误不是偶然发生的,是有规律的系统性偏误"[8],而在我们分析语料库中韩国留学生的汉语比较句的偏误语料中,大部分的错误都有规律可循,属于韩国留学生学习汉语比较句的特有的偏误,经过考察分析,这些偏误可以分为以下十二类。

2.3.1 语序不当

语序不当是学生在进行汉语表达时,由于句子中词语顺序出现混乱而造成的偏误。在韩国留学生的汉语比较句语料中,语序不当主要是比较项、比较标记、结果项的排列顺序出现偏误,具体有以下几类。

第一,比较项前后位置出错,如:

*[67]父母希望和自己一样孩子们也努力工作,努力学习。

*[68]世界上没有爱比更强的东西。

*[69]我认为比饥饿更大危害的是用大量的化肥和农药的结果。

*[70]现代社会一天比一天发病率很高一些。

*[71]三十年以上抽一天一盒以上的吸烟者更容易得到严重的病毒比不抽的人。

*[72]使用化肥和农药,比以前产量就大大提高。

汉语比较句的基本形式是两个比较项分别在比较标记的前后分布,因为汉语没有形态标记,所以语序就格外重要,承担着表达句法功能的作用,如果语序不对,会直接影响句子的理解。

例[67]中的比较项分别是"自己"和"孩子们",而比较标记是"和",句中两个比较项都出现在了比较标记的后面,造成了偏误,正确的表达是"父母希

---

[7] 刘珣:《对外汉语教育学引论》,北京语言文化大学出版社,2000,第191-192页。"失误是指偶然产生的口误或笔误……这种错误没有什么规律,即使操本族语的人也常常会发生……偏误则是指由于目的语掌握不好而产生的一种规律性错误,它偏离了目的语的轨道,反映了说话者的语言能力和水准……这类错误一般学习者自己难以察觉,也不易改正,同一错误会多次重复出现。这类规律性的偏误正是中介语特征的反映,是偏误分析要研究的主要内容。"

[8] 王建勤:《第二语言习得研究》,商务印书馆,2009,第38页。

望孩子们和自己一样也努力工作,努力学习"。

例[68]的情况比例[67]复杂,因为句中省略了一个比较项,但是该句的偏误仍然不难判断,因为例[68]中的比较标记是"比",但是比较标记后面没有比较项,而是直接跟了结果项,由此可以判断例[68]是一个偏误句子,例[68]的比较项是"爱",省略的比较项是"任何事物",所以该句正确的表达是"世界上没有(什么)比爱更强的东西"。

例[69]的情况比较复杂,如果仅从句法的角度分析,该句的句法似乎没有问题,"饥饿"作为比较项在比较标记后出现,但是如果考虑到程度补语"更大",就能发现比较项与结果项不搭配,作为比较项的应该是"饥饿(的)危害","危害"可以分大小,而饥饿不能分大小,比较项被分割开来,并且位置放到了结果项之后,造成了偏误。

例[70]在"一+量词+比+一+量词+形容词"这个结构中,比较项只有一项,因为这个结构不是比较两个比较项之间的差别,而是同一个比较项在时间、空间等方面的变化,所以这个结构中只能出现一个比较项,且比较项在该结构之前,该句正确的表达是"现代社会发病率一天比一天高",同时该句也有结果项程度副词使用的偏误,我们在这里仅讨论语序问题,程度副词使用偏误在后续研究中讨论。

例[71]根据上述分析,我们知道,汉语比较句的结果项在最后,例[71]的两个比较项分别在比较标记的前后分布,但比较标记和比较后项却出现在了结果项之后,正确的表达是"三十年以上抽一天一盒以上的吸烟者比不抽的人更容易得严重的病毒",该句中还有搭配上的偏误,后续会进一步讨论。

例[72]涉及汉语比较句中比较项的省略问题,在汉语比较句中一般有两个比较项,分别为比较前项和比较后项,比较前项如果在前文语境中出现过则可以省略;比较前项与比较后项一致时,比较后项一般需要省略,而比较前项不能省略;本句就是比较前后项一致的情况,这种情况下,出现在比较标记前的比较前项是不能省略的;比较项是"产量",位置应该在比较标记之前,所以该句应为"使用化肥和农药,产量比以前就大大提高"。

第二,结果项内部语序出现偏误,如:

*[73]其实吸烟比烟味更有对身体的坏处。

*[74]现在我呢,跟爸爸比跟妈妈更多心里话说。

*[75]生命还要比健康重要,那是理所当然了。

例[73]"对……有好处/坏处"作为固定句法结构,本身的语序不能随意变动,并且,如果要加程度副词,需要加在"有好处/坏处"之前,本句正确的表达是"其实吸烟比烟味对身体更有坏处"。

例[74]正确表达为"现在我呢,跟爸爸比跟妈妈说更多心里话",原句中程度副词"更"之后跟"多"和"心里话说"这样的句法结构在汉语中并不合法,"说更多心里话"是一个状中结构作"说"的宾语的句法结构。

汉语比较句表示比较结果的程度,是在结果项内加程度副词来实现的,所以例[75]中的"还要"应该出现在结果项中的形容词前,即"生命比健康还要重要,那是理所当然了"。

第三,与"是……的"表强调句式杂糅出现语序偏误,这样的偏误比较多,如:

*[76]而且人的生命比什么都是更重要的。

*[77]另一个是却不像它那样光亮、新鲜,反而有很多虫。

在比较句需要表示强调时,往往可以用比较句套嵌使用"是……的"句式来进行表达,但是这样的套嵌句式对语序的要求也非常严格,"是……的"结构中的"是"必须位于比较标记之前,"的"必须出现在结果项中,这样的套嵌结构出现的偏误非常多,语序偏误是其中的一类。

例[76]"是……的"结构已经完整出现,但是"是"没有位于比较标记之前,因而出现了偏误,正确的表达是"而且人的生命是比什么都更重要的"。

例[77]"是……的"结构本身表达也不完整,结果项缺少了"的",并且"是"的位置虽然出现在比较标记之前,但是出现在了"却"的前面,这样的表达不符合汉语中副词在动词前的句法规则,正确的表达是"另一个却不像它那样光亮、新鲜的,反而有很多虫"或"另一个却是不像它那样光亮、新鲜的,反而有很多虫"。

第四,其他情况的语序错误,如:

*[78]素菜吃的人比吃肉的人很健康。

*[79]用了这个肥料以后,生产量既高又味道比用化肥甜几倍了。

例[78]比较的是两类人的身体状况,因此比较标记前后两个比较项要求句法结构和语义类型保持一致,"素菜吃的人"和"吃肉的人"这两个比较项中,比较前项很明显出现了错误,应该与比较后项的句法结构保持一致,并且结果项中的程度副词使用也出现了偏误,正确的表达是"吃素菜的人比吃肉的人健康／更健康"。

例[79]也是同样在句法规则方面出现了错误,"又"作为副词不能出现在名词"味道"的前面,正确的表达是"用了这个肥料以后,生产量既高,味道又比用化肥甜几倍"。

2.3.2 程度副词使用不当

这一类偏误主要是结果项中表示比较结果的程度副词使用偏误。这一类偏误的情况比较复杂,通过语料整理分析,可以分为四类:

第一,在"A比B＋形容词"结构中使用了除"更""还"以外的程度副词表示程度,如:

*[80]反而,我觉得我父母的思想比我太先进。

*[81]这些绿色食品的收入比用农药的食品很高。

*[82]不过现代的沟通问题比以前很严重。

*[83]尤其这几年内父母对孩子们的教育花的钱比以前非常多。

这一类偏误在程度副词的使用偏误中占比较高,汉语比较句中简单的"比"字结构中,比较句结果项只由单个形容词充当,形容词前不能加程度副词表示程度,如果需要表示程度,只能在形容词后加程度补语,因此这几句的正确表达是:"反而,我觉得我父母的思想比我先进","这些绿色食品的收入比用农药的食品高","不过现代的沟通问题比以前严重","尤其这几年内父母对孩子们的教育花的钱比以前多"。如果需要表达程度,只能使用程度补语的方式进行表达:"反而,我觉得我父母的思想比我先进很多","这些绿色食品的收入比用农药的食品高很多","不过现代的沟通问题比以前严重很多","尤其这几年内父母对孩子们的教育花的钱比以前多很多"。

第二,程度副词与形容词搭配不当,如:

*[84]比使用化肥和农药生产的农产品有很大的优点。

*[85]可是粮食跟人口比起来非常不足。

这两句的情况与上述第一种的情况有很大不同,在第一类偏误中,有两种修改方式,一种是直接删除程度副词,一种是把程度表达作为程度补语放在形容词之后,但是第二类句子中的程度副词不能直接删掉,例[81]结果项是"有……优点"结构,而例[82]中省略了比较项"数量",直接删掉"非常"句子仍然不能成立。

例[84]在"有……优点"结构中如果需要使用程度副词进行表达,不能使用"很",只能使用"更",本句正确的表达是"比使用化肥和农药生产的农产品有更大的优点"。

例[85]由于"非常"与"不足"在语义上不能搭配,"不足"前的程度状语只能搭配"严重",在不改变原句省略比较项的情况下,正确的表达是"可是粮食跟人口比起来严重不足";在补上比较项的情况下,正确的表达是"可是粮食跟人口比起来数量严重不足"。

第三,程度副词"还"的偏误,如:

*[86]我认为解决饥饿问题比吃绿色食品还重要。

*[87]青年人的学习速度比老年人还快的情况下,必然发生沟通的问题。

*[88]也就是说,我们的农业科学水平已经比过去哪一年还发达。

在汉语比较句中,比较项中的程度副词"还"具有表达预设的作用。

例[86]如果用"还",表达的意思是"绿色食品很重要",只不过"解决饥饿问题"更重要,我们查阅了作者的原作文,从上下文语境来看,学习者并没有表达出使用"还"之后达成的语义,所以,这句不能使用程度副词"还",正确的表达是"我认为解决饥饿问题比吃绿色食品重要"或者"我认为解决饥饿问题比吃绿色食品更重要",程度副词"更"没有表达语义预设的功能,只是强调了程度的增加。

例[87]使用"还"表达出的预设语义是老年人的学习速度快,这与原文要表达的意思不符,从原文的上下文语境来看,这句的正确表达是"青年人的学习速度比老年人(更)快的情况下,必然发生沟通的问题"。

例[88]的情况与前两句有不同之处,这句不能使用"还"不是因为"还"具有预设表达含义,而是因为固定搭配问题,因为出现了"哪一年"这样的概括性表达,因此"还"要改成"都",该句正确的表达是"也就是说,我们的农业科学水平已经比过去哪一年都发达"。

第四,比较句中有不能使用程度副词和程度补语表达比较结果的程度的情况,如:

*[89]我觉得吃绿色食品不如解决饥饿问题更重要。

在汉语比较句中,只有"比"字比较句在使用中可以用程度副词和程度补语表达比较结果的程度,但是如上所述使用的限制条件非常多,除此以外,其他类型的比较句中都不能使用程度副词和程度补语表达比较结果的程度。

例[89]是"不如"比较句,比较项只能是单个形容词,前不能加程度副词,后不能加程度补语,正确的表达是"我觉得吃绿色食品不如解决饥饿问题重要"。

2.3.3 否定词使用不当

汉语比较句的否定形式以及比较句中的否定词在使用时都有很多限制,很容易出现各种偏误,这一类偏误主要有以下几种类型:

第一,"比"字比较句中结果项中的形容词用了否定词而造成的偏误,如:

*[90]以前化肥农药出现之前的时代,我们人类发病的情况比现在不多。

*[91]可是生存环境比以前不好。

*[92]但是中国的条件比我国不太好。

*[93]爸爸的病一天比一天不好。

*[94]当然比大人不好得多。

*[95]虽然比电脑系前途不太好,可是他想做自己愿意的事。

上述产生偏误的句子都是同一种类型,结果项中有形容词时,使用了近似意义的"否定词+反义形容词"作结果项,这样的表达在汉语比较句中是不合法的,正确的表达是"以前化肥农药出现之前的时代,我们人类发病的情况比现在少"、"可是生存环境比以前差"、"但是中国的条件比我国差"、"爸爸的病一天比一天严重"、"当然比大人差得多"、"虽然比计算机系前途差,可是他想做自己喜欢的事"。

第二,等比句的否定形式表达偏误,如:

*[96]不跟一般的家庭一样。

*[97]但是最近的状态已不是跟以前一样。

*[98]父母生活的那时代没有跟现在一样丰富。

等比句的否定形式表达也有自己的固定结构：A 跟／和／同 B 不一样，而不是在比较标记前加否定词表示否定，所以上述句子的正确表达是"跟一般的家庭不一样"，"但是最近的状态已跟以前不一样了"，"父母生活的那时代跟现在不一样，没有那么丰富"。

2.3.4 补语使用不当

汉语比较句中，有一部分"比"字比较句可以带表示程度或者数量的补语，韩国留学生在使用带补语的汉语比较句时偏误较多，主要有以下几类。

第一，该用补语而不用，如：

*[99]随着社会经济发展得很快，人们的生活水平比以前格外提高。

*[100]如果继续吃用化肥和农药的食品的话，那个人比吃绿色食品的人早点死。

*[101]长辈之所以不理解晚辈，是因为他们觉得他们比晚辈过很多日子，因此晚辈应该尊重他们。

*[102]我认为吃对人体有害处的食品总比饿死好多。

例[99]是前文中总结的"A＋B＋(程度副词)＋动词(提高类动词、变化类动词)＋(程度补语／了)"结构，在这一结构中，需要使用程度补语，在不使用程度补语时，则需要在句末加"了"，正确的表达是"随着社会经济的快速发展，人们的生活水平比以前提高很多"或"随着社会经济的快速发展，人们的生活水平比以前提高了"。

例[100]要表达的意思是死亡的时间会变早，而"早点死"不是死亡时间变早的语义，而是有"祈使"的语义，因此正确的表达是"如果继续吃用化肥和农药的食品的话，那个人比吃绿色食品的人死得早"。

例[101]是前文中总结的"A 比 B＋动词＋补语"结构，在"A 比 B＋动词"结构中，动词后可以是补语，也可以是宾语，对应例[101]，"过"是动词，比较的结果是"多"，因此只能用补语结构进行正确的表达，即"长辈之所以不理解晚辈，是因为他们觉得他们比晚辈日子过得多，因此晚辈应该尊重他们"。

例[102]中作者要表达的是吃对人体有害的食品比饿死好，并且好的程度还比较多,所以这句虽然可以直接修改为"我认为吃对人体有害处的食品总比饿死好",但并不符合上下文语境和作者要表达的意思,因此,正确的表达是"我认为吃对人体有害处的食品总比饿死好得多",这就是在应该使用补语的时候没有使用补语造成的偏误。

第二,不该用补语时使用了补语,如汉语比较句中并不是都需要使用补语成分,需要使用补语的比较句只占了所有比较句的一小部分,但是偏误率却很高,甚至有不该使用补语却错误使用了补语的情况,如:

＊[103]农土一天比一天小一点。

＊[104]我的体力也不像以前强得多了。

＊[105]比自己一个人吃力得少。

＊[106]反正对我来说学习汉语的乐比苦得多。

例[103]在"一＋数量＋比＋一＋数量＋形容词"结构中是不需要使用补语的,只能使用单个形容词,正确的表达是"土地一天比一天小"。

例[104]在否定比较句"不像……(这么/那么)"结构中,不能使用补语结构,正确的表达是"我的体力也不像以前那么强了"。

例[105]首先是吃力不能与作为补语的"少"搭配,"吃力"是一个消极意义词,不能与补语"少"搭配,可以修改为"比自己一个人吃力得多";其次,根据上下文语境,作者要表达的是两个人抬水比一个人挑水更省力,所以本句应该修改为"比自己一个人省力",这个表达不能使用"吃力得少"这个补语结构。

根据例[106]的上下文语境,作者要表达的是学习汉语的乐多,因此正确的表达是"反正对我来说学习汉语的乐比苦多",不需要"得"字结构补语形式,如果需要表达的是乐比苦多很多,可以表达为"反正对我来说学习汉语的乐比苦多得多"。

第三,补语与动词搭配不当,如汉语比较句中出现补语时,有相当一部分是在"A比B＋动词/形容词＋得＋程度补语"结构中出现的,补语与动词和形容词必须能够搭配,才能正确表达句子。例如:

＊[107]但两个人挑来的水比以前多得很。

＊[108]这个学期比第一个学期学习得还行。

例[107]在有比较前后项和比较标记的比较句中,作为结果项的"多"不能搭配程度补语"很",正确的表达是"但两个人挑来的水比以前多得多",但是

"多得很"作为一种结果的陈述是可以单独使用的,只是不能在比较前后项和比较标记齐备的比较句中作为结果项出现。

例[108]中,"还行"不能作补语,只能用在对话中作为询问情况时的回答。

第四,补语的句法结构出错,如:

*[109]在我们的生活周围多处可见这样的现象,变化变得比以前快。

*[110]绿色食品虽然比其他食品一点儿贵。

*[111]要说学习汉语的苦与乐,其实乐比苦多得还多。

这一类偏误并不涉及比较句的句法、语义问题,往往是学生没有掌握好补语的句法结构,进而出现各种偏误。由于并不涉及比较句本身,这一类偏误不再进行详细阐述,它们的正确表达是"在我们的生活周围多处可见这样的现象,变化得比以前快"、"绿色食品虽然比其他食品贵一点儿"、"要说学习汉语的苦与乐,其实乐比苦多得多"。

2.3.5 "是……的"强调结构的偏误

*[112]在旁边呼吸的人比吸烟的人更危险的。

*[113]我听说间接吸烟的影响比直接吸烟的影响更厉害的。

*[114]第一,先想别人,在这个世界上没有人跟你一样的。

"是……的"表示强调的句式与比较句套嵌使用时,"是"的位置在比较标记之前,"的"在句末,因此这几句的正确表达分别是"在旁边呼吸的人是比吸烟的人更危险的"、"我听说间接吸烟的影响是比直接吸烟的影响更厉害的"、"第一,先想别人,在这个世界上没有人是跟你一样的"。

2.3.6 表比较的一般陈述句的偏误

汉语一般陈述句表达时不用"是",只在表示判断的陈述句中用"是",这类句型的句法特征是能够用"是"或"不是"来作答,句尾直接加"?",不使用疑问词可直接成为疑问句。而韩国留学生在比较句中常常用"是",因而造成偏误,如:

*[115]所以绿色食品是比普通食品价格贵得多。

*[116]我认为解决饥饿是比吃绿色食品更重要。

*[117]父母给孩子的影响是比谁都大。

*[118]作为老大,我对你们的爱是根本跟弟弟妹妹不一样。

*[119]但是我的看法是跟妈不一样。

在汉语的一般陈述句中不能用"是",表示强调的陈述句可以用"是",句尾有"的",构成"是……的"强调句结构,但与上下文语境和说话人所要表达的意义密切相关。

例[115]作为一般陈述句不能用"是",正确的表达是"所以绿色食品比普通食品价格贵得多"。其他各句也是同样的情况,正确的表达分别是"我认为解决饥饿比吃绿色食品更重要","父母给孩子的影响比谁都大","作为老大,我对你们的爱跟弟弟妹妹根本不一样","但是我的看法跟妈不一样"。出现这样的偏误与学生的母语——韩语的句法特征有密切关系,具体的分析讨论将在第三章中进行。

这一类的偏误还有很多,如:

*[120]我的父亲最爱我,我也是跟他一样。

*[121]我觉得最大原因是父母和子女的年代是不一样。

*[122]虽然我是比他大三岁。

*[123]其实现在我已经不像是以前那样不爱学习、不爱听你们的话。

*[124]我和妈妈是不像别的母女之间。

2.3.7 比较句中倍数表达的偏误

汉语比较句中的数量补语常常以倍数的形式出现,但是汉语倍数的表达本身有固定的结构,所以在比较句中使用倍数作为数量补语时,必须符合倍数的表达规则。韩国留学生在比较句中的倍数表达偏误主要有以下几类:

第一,倍数表达中的形容词搭配不当,如:

*[125]但对我们的身体影响好的方面却比一般农作物好3、4倍呢。

*[126]从青少年吸烟的人比从成年人吸烟的人死亡率超过两倍。

*[127]他认为被动吸烟者比吸烟者的得病率可以达到2倍。

*[128]吸烟的人比不吸烟的人得癌症的可能性大几倍。

例[125]"身体影响好的方面"作为比较项进行比较,比较结果的形容词可以用"高"或者"多",不能搭配使用"好",所以正确的表达是"但对我们的身体影响好的方面却比一般农作物高/多三四倍呢"。

例[126]比较的是"死亡率",结果项的形容词只能用"高"或者"低",结合原句的句义,正确的表达是"从青少年开始吸烟的人比从成年开始吸烟的人死亡率高两倍"。

例[127]比较的是"得病率",与例[125]一样,结果项的形容词只能是"高"或者"低",结合原句句义,正确的表达是"他认为被动吸烟者比吸烟者的得病率可以高两倍"。

例[128]比较的是"得癌症的可能性",结果项的形容词应该是"高"或者"低",结合原句句义,正确的表达是"吸烟的人比不吸烟的人得癌症的可能性高几倍"。

第二,结果项的表述不符合倍数表达的句法规则,如:

*[129]明年以后烟的价格比现在的二倍。

*[130]有的是比一般的两倍,有的会三倍以上。

*[131]有关研究表明,间接吸烟者的危害是比直接吸烟者的危害多几倍。

汉语的倍数表达有两种基本的格式:第一种是上一小点分析的"A比B+形容词+X倍",这种句法结构中除了要遵守基本的比较句句法规则以外,还要注意比较项与形容词的语义搭配问题;第二种倍数表达句法结构是"A是B的X倍",在这种句法结构中,不能用比较标记和形容词,并且第一种句法结构与第二种句法结构是可以互相转换的。

根据前述,例[129]有两种修改形式:"明年以后烟的价格比现在高两倍","明年以后烟的价格是现在的两倍",用"比"就必须搭配使用适合的形容词作为比较句结果项中的重要组成部分,如果不用"比"字比较句表示倍数,就必须用"是",并且不能使用比较标记和形容词。

例[130]的情况与例[126]相同,正确的表达是"有的比一般的贵两倍,有的会贵三倍以上"或"有的是一般的两倍,有的会是三倍"。

例[131]的情况复杂一些,除了上述表示倍数的句法结构使用错误以外,还有比较项本身句法语义的问题,这里我们只阐述与倍数表达相关的问题,例[131]既用了"是",也用了"比",结果项中用了与比较项语义不搭配的形容词

"多",所以正确的表达是"有关研究表明,间接吸烟者受到的危害比直接吸烟者受到的危害大几倍"或"有关研究表明,间接吸烟者受到的危害是直接吸烟者的几倍"。

第三,表达倍数时错误使用了补语的表达形式,如:

*[132]在肺癌方面,吸烟的人的死亡率比不抽烟的人的死亡率高得七倍。

如前所述,汉语的倍数表达可以用"比"字比较句,也可以不用,但是两种倍数表达的句法结构都不能用"得+倍数"这样的补语形式表达倍数,因此,正确的表达是"在肺癌方面,吸烟的人的死亡率比不吸烟的人高七倍"或"在肺癌方面,吸烟的人的死亡率是不吸烟的人的七倍"。如果作者想用"得"字补语的形式表示"高"的程度,可以这样表述"在肺癌方面,吸烟的人的死亡率比不吸烟的人高得多"。

2.3.8 比较项与结果项句法结构偏误

汉语比较句内部从语义的角度可以分为比较项和结果项,其中比较项又可以分为比较前项和比较后项,由于比较句的特殊句法结构,比较句中出现的比较前后项需要保持句法性质的一致性、语义范畴的相关性,并且,比较项与结果项的语义搭配要求也比较严格,这在上文已有所阐述,韩国留学生在使用汉语比较句时,往往在这几个方面出现偏误。

第一,比较项句法性质错误。汉语比较句要求比较前后项的句法性质保持一致,若有比较项的省略,省略的是比较后项,比较前项不能省略,如:

*[133]在中国学习,所以比韩国内学习有好处。

*[134]有的时候想死比活还容易。

*[135]我想学汉语的时候,苦点比乐点多。

*[136]我觉得大家都需要饥饿比绿色食品更重视的观念。

*[137]听说女人比男人抽烟对身体更不好。

例[133]比较前后项的句法结构不一致,比较前项是"在中国学习",比较后项是"韩国内学习",比较后项的句法结构出现了偏误,正确的表达是"在中国学习,比在韩国学习有好处"。

例[134]"比"是比较标记,比较标记的前后分别是比较前项和比较后项,比较前项是"想死",比较后项是"活",两项的句法结构性质不一致,进而造成了偏误,修改后保持比较前后项句法性质一致,正确的表达是"有的时候死比活还容易"或"有的时候想死比想活还容易"。

例[135]虽然比较前项"苦点"与比较后项"乐点"的句法结构性质一致,但是"苦点"和"乐点"这样的表达形式在汉语中是不合法的,正确的表达是"我想学汉语的时候,苦比乐多"或"我想学汉语的时候,苦的地方比乐的地方多"。

例[136]比较前项是"饿","饿"是形容词,比较后项是"绿色食品",是名词性结构,比较前后项的句法结构性质没有保持一致,正确的表达是"我觉得大家都需要有饥饿比绿色食品更值得重视的观念"。

例[137]比较前项是"女人",比较后项是"男人抽烟",二者的句法结构性质不一致,并且,从语义上看,"女人"与"男人抽烟"这件事也不具有可比性,学生在省略比较项时,省略了比较前项,但是汉语比较句中能够省略的只有比较后项,因此,正确的表达是"听说女人抽烟比男人抽烟对身体更不好"。

第二,结果项句法性质错误。汉语比较句的结果项是比较后得出的结果,从句法性质上看,一般是形容词性或者动词性结构,韩国留学生在结果项的表达上常常会有以下偏误,如:

*[138]您们那里是比这更南方,可能更热的吧?

*[139]最近有点忙,所以没有比以前写信的时间。

*[140]"树欲静而风不止,子欲养而亲不待",虽然我每次想这句话,可是生活上对父母没有那么尊敬、礼节。

*[141]了解上一辈以后,我们可以晓得他们也没有那么保守的人。

*[142]一天比一天地变。

*[143]在学习的时候比以前加倍努力学习。

例[138]比较句的结果项是"南方",前面有表示程度的副词"更",这样的表达不符合汉语句法规则,正确的表达是"你们那里比这更靠近南方,可能更热吧?"

例[139]把"时间"作为了比较项,并且"时间"是名词,也不能作为比较句结果项出现,该句中的"时间"是比较项,而不应处理为结果项,正确的表达是"最近有点忙,所以没有以前写信的时间多"或"最近有点忙,所以比以前写信的时间少"。

例[140]的比较项是"尊敬"和"礼节",其中"尊敬"符合句法规则,但是"礼节"是名词,所以不能作为结果项出现,正确的表达是"可是生活上对父母没有那么尊敬、有礼节"或"可是生活上对父母没有那么尊敬"。

例[141]的比较项是"保守的人",是一个名词性的定中结构,不能作为结果项出现,正确的表达是"了解上一辈以后,我们可以晓得他们也没有那么保守"。

例[142]在"一+量+比+一+量"结构中,比较句结果项只能是单个的形容词,因此结合本句出现的上下文语境,本句正确的表达是"变化一天比一天快"。

例[143]比较项是"加倍努力学习",其中"加倍"是表示程度的副词,比较项是"努力",因此正确的表达是"在学习的时候比以前加倍努力"。

第三,与"了"有关的偏误,如:

　　*[144]我回想我什么事情比别人晚了。
　　*[145]因为妈妈比我还瘦了。
　　*[146]但人的生命比你的健康更重要了。
　　[147]现在我比以前好多了。
　　*[148]爸爸妈妈,你们的脸一天比一天变黑了。

在汉语比较句中,因为是从语义上看表示比较的句型,如果是比较出前后有变化,从句法语义上是可以搭配使用句末表示变化的"了"的,但是并不是所有的比较句句末都可以使用"了"。

例[144]、例[145]和例[146]都是不能在句末使用"了"的比较句,正确的表达是"我回想我什么事情比别人晚","因为妈妈比我还瘦","但人的生命比健康更重要"。这些比较句有一个共同特征,比较前后项是不一致的,即是A跟B比较,这样的汉语比较句,不能比较变化,只能比较异同,因此不能用句末"了"表示变化。

例[147]可以使用句末"了"表示变化,因为比较项只有一个,是"我",比较的是"我"从以前到现在的变化,所以可以在句末使用表示变化的"了"。

例[148]同样是只有一个比较项"爸爸妈妈",但是使用的句型是"一+量词+比+一+量词+形容词",在这个结构中也不能使用"了",正确的表达是

"爸爸妈妈,你们的脸一天比一天黑"。

第四,与能愿动词使用有关的偏误,如:

*[149]我相信你们就像以前一样好好帮我。

*[150]我们现在很难过,但我们笑一笑吧,那么以后有跟以前一样幸福的日子。

*[151]比现在更会发生新疾病。

例[149]根据句义,用"相信"表示一定的推测,所以用"会/能"表示可能,不能用"就",正确的表达是"我相信你们会像以前一样好好帮我"。

例[150]同样是表示推测、预期,缺少了表示可能的能愿动词,正确的表达是"那么以后会有跟以前一样幸福的日子"。

例[151]比较句结果项用了"会发生新疾病",结合该句出现的上下文语境,应该是"更容易发生新疾病"。

第五,固定句法结构使用出现偏误,如:

*[152]他是比什么更重要的一个生命。

*[153]每个人的能力比以前更好。

*[154]但生命具有跟任何其他东西也比不了的重要性。

*[155]还不如将精力放在如何使几亿人不挨饿。

例[152]、例[153]和例[154]都涉及同一个固定结构"泛指(什么/任何/每)+都……",这种结构中要使用"都",正确的表达是"他是比什么都更重要的一个生命","每个人的能力都比以前更好","但生命具有跟任何其他东西都比不了的重要性"。

例[155]是"放在……上"结构,正确的表达是"还不如将精力放在如何使几亿人不挨饿上"。

这些固定结构的使用往往不涉及比较句本身的句法语义,出现偏误并不是汉语比较句习得问题,但由于偏误数量并不少,因此也一并列出,但是在之后的论述中将不再涉及这类偏误。

2.3.9 比较项与结果项语义搭配偏误

汉语比较句中,比较项的语义范畴会直接影响结果项的选定范围,除了句法结构必须符合句法规则以外,语义范畴也必须能够与比较项搭配;同时,比较项和结果项内部的语义必须与上下文语境和其他词语能够在语义上搭配,韩国留学生往往在这些方面出现如下几种偏误:

第一,比较项与结果项语义不搭配,如:

*[156]我们用这些农药提高了产量,世界粮食比以前丰富了。

*[157]虽然她比我多一岁。

*[158]我们都知道吸烟的坏处比长处更多。

*[159]但是程度比以前少得多。

*[160]同时人们对保持健康有了比以前更大的关心。

这种偏误类型在倍数表达的偏误中占比很大,由于前文已经论述过倍数表达时的比较项与结果项语义不搭配的偏误情况,这里不再赘述。

各种类型的汉语比较句中普遍存在这一类偏误,例[156]比较项是"产量",结果项的"丰富"不能与比较项的"产量"进行搭配,正确的表达是"我们用这些农药提高了产量,世界粮食比以前多了"。

例[157]比较的是年龄,所以比较项只能用"大"或"小",结合上下文语境,正确的表达是"虽然她比我大一岁"。

例[158]比较项的"坏处"和结果项的"长处"不能搭配,汉语中"坏处"和"好处"、"短处"和"长处"是成对搭配出现的,结合上下文语境,正确的表达是"我们都知道吸烟的坏处比好处更多"。

例[159]比较项是"程度",结果项只能搭配"大""小",或"深""浅",或"轻""重",结合上下文语境,正确的表达是"但是程度比以前小得多"。

例[160]结果项的"关心"只能搭配人,不能搭配事件,如果是事件得到"注意",应该使用"关注",所以正确的表达是"同时人们对保持健康有了比以前更大的关注"。

第二,比较项或结果项本身语义搭配不当,如:

*[161]我觉得流行歌曲比旧的歌曲让我开心、愉快。

*[162]我觉得有的时候道德比法律高一点。

*[163]父母和子女的生长背景不一样。

*[164]我真希望我们跟过去一样一起形成幸福的家庭。

韩国留学生的汉语比较句语义搭配偏误,除了上述的比较项和结果项语义搭配不当以外,也有比较项和结果项本身语义不搭配,进而造成偏误的情况。

例[161]中歌曲不能搭配"旧",虽然"新"和"旧"是一对反义词,但在使用时并不对称,即能使用"新"搭配的名词不一定能用"旧"搭配,在汉语中有"新歌",但没有"旧歌",歌曲只能用"新"和"老"搭配,所以正确的表达是"我觉得流行歌曲比老歌让我开心、愉快"。

例[162]比较项是"道德"和"法律",道德和法律在认知和概念上属于两类不同的范畴,法律是各个国家的权力机关制定的运行一个国家的方方面面的规则,具有强制执行力,违反法律要受到法律的制裁,而道德不具有强制约束性,也没有成文的道德规范,道德的执行并没有强制性,它的执行在很大程度上取决于人的品质,违背道德原则并不会受到法律的惩罚,所以道德和法律在比较时缺少比较的基础,但是"道德的要求"和"法律的要求"是可以比较的,作为人的行为规范要求时,它们就具有了可比性,这时比较项的语义才能够成立,所以正确的表达是"我觉得有的时候道德的要求比法律的要求高"。

例[163]比较项是"父母和子女",也就是"人"的成长背景,而"生长"不能搭配"人",只能搭配"植物"使用,所以正确的表达是"父母和子女的成长背景不一样"。

例[164]结果项是"动词+幸福的家庭","幸福的家庭"不能搭配动词"形成",可以搭配"组成""成为",根据上下文语境,正确的表达是"我真希望我们跟过去一样一起成为幸福的家庭"。

第三,比较项省略不当,如:

*[165]可是很多人挨饿的情况下,把产量提高的事总比是更重要的。

*[166]听说女人比男人抽烟对身体更不好。

*[167]使用化肥和农药,比以前产量就大大提高。

汉语比较句比较项的省略有严格的限制,最常见的省略是比较前后项一致时,通常省略比较后项;在比较前后项不一致时,两个比较项都不能省略,即使是部分省略也会导致句法语义结构的偏误。

例[165]比较前项是"产量提高的事",比较后项缺失,根据上下文语境,比较后项是"吃绿色食品"这件事,因此正确的表达是"可是很多人挨饿的情况下,把产量提高的事总比吃绿色食品是更重要的"。

例[166]比较后项是"男人抽烟",比较前项是"女人",显然从语义、句法上都不能进行比较和搭配,正确的表达是"听说女人抽烟比男人抽烟对身体更不好"。

例[167]的情况复杂一些,从偏误的句子看,既可以分析为语序偏误,也可以分析为比较项省略不当,在只有一个比较项时,可省略的是后项,前项不能省略,所以正确的表达是"使用化肥和农药,产量比以前就大大提高了"。

第四,词汇使用不当造成的偏误。这类偏误自成一类,往往与汉语比较句本身的句法语义无关,但因为并不是偶发现象,所以在此作一简单阐述,在下文讨论比较句的各种情况时将不再涉及此类偏误。

*[168]我以为饿死还不如吃这样的农作物呢。
*[169]可是我比任何人知道你们,不该这样。
*[170]平凡的歌曲比流行歌曲好一点。
*[171]可是我对他们的尊敬心不如对我父亲。
*[172]我觉得这样的人比杀罪更讨厌。

例[168]混淆了"以为"和"认为"的词义,根据上下文语境,正确的表达是"我认为饿死还不如吃这样的农作物呢"。

例[169]没有区分清楚"知道"和"了解"的词义,正确的表达是"可是我比任何人都了解你们,不该这样"。

例[170]汉语中不能用"平凡"搭配"歌曲","平凡"搭配人、生活等,正确的表达是"普通的歌曲比流行歌曲好一点"。

例[171]汉语中没有"尊敬心"这个词,正确的表达是"可是我对他们的尊敬不如对我父亲"。

例[172]汉语中也没有"杀罪"这个词,正确的表达是"我觉得这样的人比杀人罪犯更讨厌"。

2.3.10 等比句中比较标记使用偏误

等比句作为汉语比较句中的一类,它所使用的比较标记有固定的格式,即"A 跟/和/同/像 B 一样/不一样"。在等比句的偏误中,有一类偏误比较突出,就是比较标记的使用偏误,具体来看,有以下几种。

第一,在表达等比比较时比较标记缺失或残缺,如:

*[173]间接吸烟也是直接吸烟有差不多的坏处。

*[174]比如一个家庭里的家长抽烟,那就一个家庭都抽烟一样的结果。

例[173]表达的句义是间接吸烟的坏处跟直接吸烟差不多,这是等比比较句,要用到等比句的固定结构,本句中缺失了等比句的比较标记,正确的表达是"间接吸烟也是跟直接吸烟有一样的坏处"。

例[174]表达的句义是一个家庭里有一个人抽烟,跟家里人都抽烟是一样的结果,在句中除了词汇表达上的错误以外,还缺失了比较标记,正确的表达是"比如一个家庭里的家长抽烟,那就跟整个家庭里的人都抽烟一样的结果"。

第二,误用比较标记,如:

*[175]在我们的国家的以前的歌曲和比现在的歌曲有点儿不一样。

*[176]听流行歌曲比平凡的歌曲的感觉不一样。

*[177]父母生活的那时代没有跟现在一样丰富。

*[178]我也跟别的年轻人一模一样喜欢流行歌曲。

*[179]弟弟如我一样像爸爸。

汉语的等比比较句中要求使用等比句的固定结构,并且在这个比较结构中不能再出现其他的比较结构,既不能重复出现其他的比较标记,也不能出现比较标记杂糅的情况。

例[175]在汉语等比句中不能再使用比较标记"比",因此正确的表达是"在我们的国家以前的歌曲和现在的歌曲有点儿不一样"。

例[176]既误用了比较标记"比",还缺失了部分等比句的比较标记,正确的表达是"听流行歌曲跟普通的歌曲的感觉不一样"。

例[177]是否定比较句与等比比较句混淆造成的偏误,等比句的否定形式并不是在比较标记的最前面加否定词,而是用"……不一样"表达,因此正确的表达是"父母生活的那个年代跟现在不一样",或直接用否定比较句表示,即"父母生活的那个年代没有现在这么丰富"。

例[178]等比比较句有固定的句法结构,不能用同义、近义词汇进行替代,"一模一样"虽然与"一样"是近义词,但是不能用于等比句的固定句法结构,不能替代"一样",正确的表达是"我也跟别的年轻人一样喜欢流行歌曲"。

例[179]"A 如 B 一样"结构是近代汉语的表达形式,现代汉语中已经不再使用这一句法结构,正确的表达是"弟弟跟／和／像我一样像爸爸"。

2.3.11 比较标记杂糅的偏误

汉语比较句每一类型都有自己的固定结构和比较标记,并且同一个表示比较的语义能够使用不同的比较句型来表达,这就要求学生在表达时首先明确自己想要表达的语义是等比句还是差比句,再根据是否需要表示比较结果的程度、数量等选择正确的比较句句型,即使在使用时做不到逐点进行判断来选择正确的比较句句型,在完成句子后进行检查时也需要这样逐点进行复查。如果在表达时思维混乱就很容易造成不同的比较句句型杂糅,具体的表现形式就是出现比较标记的杂糅,其中等比句的比较标记杂糅其他比较句句型的比较标记的情况前文已经单独论述过,这里主要讨论韩国留学生差比句比较标记的杂糅偏误。

*[180]最近有点忙,所以没有比以前写信的时间。

*[181]虽然使用化肥农药的农作物有害于人的健康,可是跟处于生命的危险的人比不上。

*[182]我知道我做的不如比我的父母好。

*[183]虽然它的产量比相对使用化肥农药的农作物比低。

*[184]父母的爱没有跟别的比得上。

例[180]中表达的语义是"最近有点忙,写信的时间没有以前那么多",这样的比较句可以用比较标记为"没有"的否定比较句,也可以用"比"字比较句,不能用"没有比"。

例[181]中使用了比较标记"比不上",还有残缺的比较标记"跟……",根据语义和上下文语境,正确的表达是"虽然使用化肥农药的农作物对人的身体健康有害,可是跟处于生命危险的人相比就没那么重要了"或"虽然使用化肥农药的农作物对人的身体健康有害,可是比不上处于生命危险中的人那么重要"。

例[182]中有两个比较标记"不如"和"比",汉语的"不如"否定比较句结构中不能再使用其他的比较标记,所以,正确的表达是"我知道我做的不如我的父母好"或"我知道我做的比我的父母差"。

例[183]中有两个"比"字,这样的比较句不符合比较句的句法规则,正确的表达是"虽然它的产量比使用化肥农药的农作物低"。

例[184]中使用了比较标记"比得上",还有残缺的比较标记"跟……",根据上下文语境和语义,正确的表达是"父母的爱没有什么能比得上"。

2.3.12 否定比较标记使用不当

在韩国留学生的比较句偏误中,否定比较句的偏误是比较突出的,虽然汉语否定比较句的句法结构并不多,否定比较标记也很有限,但是否定比较句的偏误率很高,出现的偏误有如下两种情况。

第一,错误使用否定比较标记,造成句义相反,如:
*[185]我们的生长条件、教育程度都比不上他们好。
*[186]找到好工作的人不如以前那样过苦日子。
*[187]虽然农药化肥对身体有害,但是不如挨饿。
*[188]其实我的一位朋友王丽高兴不如我。

例[185]根据上下文语境,作者要表达的语义是孩子们的生长条件等比父母的好,句中用了比较标记"比不上",由于比较前项是"我们的生长条件、教育程度",比较后项是"他们",如果用比较标记"比不上",则语义是比较前项比比较后项差,这与作者要表达的语义相反,在不改变比较项的前后位置的情况下,将比较标记"比不上"改为"比",则语义符合上下文语境,即"我们的生长条件、教育程度都比他们好"。如果要使用比较标记"比不上",则需要改变比较项的前后位置,即"他们的生长条件、教育程度都比不上我们好"。

例[186]根据上下文语境,作者要表达的语义是找到好工作以后的日子比以前苦日子好,用了比较标记"不如",在"不如"比较句中,比较前项是更差一些的,比较后项则更好,该句使用"不如"与作者要表达的语义相反,正确的表达是"找到好工作以后的日子比以前的苦日子好得多"。如果要用"不如"作比较标记,则需要把比较前后项的位置互换,即"以前的苦日子不如找到好工作后的日子"。

例[187]根据上下文语境,作者要表达的语义是虽然化肥农药对身体有害,但是挨饿的危害更大,偏误的句子语义表达不完整,且可以理解为相反的语义,正确的表达是"虽然农药化肥对身体有害,但是不如挨饿的危害大"。

例[188]如果单看,不能判断原文中作者要表达的语义,查找到作者原文,结合上下文语境,作者要表达的语义是因为王丽一直帮助作者学习汉语,所以她的汉语成绩提高以后,王丽比她自己还要高兴,因此在不改变比较前后项位置的情况下,不能用比较标记"不如",正确的表达是"其实我的一位朋友王丽比我高兴"。如果要用"不如",则正确的表达为"其实我不如我的一位朋友王丽高兴"。

第二,混淆"不比"与"不如",如:

*[189]每个人都知道噪声不比自然之声。

*[190]我们生活当中应该考虑不比我们生活水平还好的人的处境。

这类偏误混淆了否定比较标记"不如"和"不比"的用法,在应用"不如"的句中使用了"不比",两句正确的表达是"每个人都知道噪声不如自然之声","我们生活当中应该考虑不如我们生活水平好的人的处境"。

2.4 小结

如前所述,韩国留学生使用汉语比较句是基本能够覆盖所有汉语比较句的句法结构,但是偏误率是不均衡的,有的比较句句法结构偏误率高,有的比较句句法结构偏误率低;而每一类偏误类型内部情况也比较复杂,本章主要完成的论述就是首先解释说明本书语料来源,解释选取"HSK 动态作文语料库"作为语料来源的原因;其次总结分析所有韩国留学生习得汉语比较句的句法结构,并一一举例说明;最后对所有韩国留学生习得汉语比较句的偏误类型进行了分析讨论。

在接下来两章中,将从韩语和汉语对韩国留学生习得汉语比较句的影响上,来讨论分析造成这些偏误的原因,在进入一下阶段论述前,我们需要明确的有以下几个方面。

第一,韩国留学生比较句偏误情况的复杂性。学生偏误的句子只有十几个字不等,字数虽然不多,但是其中的偏误类型却可能是多样的,往往不是单

——一种偏误,如:

*[191]父母生活的那时代没有跟现在一样丰富。

*[192]父母的爱没有跟别的比得上。

*[193]我现在是喜欢音乐本身,但青少年的时候,歌手比他们的歌曲更喜欢。

例[191]的偏误有比较标记杂糅、固定搭配使用错误;例[192]的偏误有比较项语义、句法不搭配。

正因为偏误句子的偏误类型可能是复杂的,所以在进行分析讨论时要有的放矢,首先要明确偏误的类型有哪些,其次要逐一地进行认真分析,这样才能为接下来的偏误成因讨论做好准备。

第二,要区分比较句本身的偏误和其他成分的偏误。比较句的偏误要分清楚是比较句本身偏误,还是由于其他句法、语义规则未掌握好造成的偏误,不能只要看到是比较句的语料,而该语料是错误的就归为比较句的偏误,如:

*[194]所以绿色食品是比普通食品价格贵得多。

*[195]我认为解决饥饿是比吃绿色食品更重要。

这是韩国留学生在比较句中用"是"造成的偏误,汉语一般陈述句表达时不用"是",只有在表示判断的陈述句中用"是",韩国留学生因为受到母语的影响,因而造成偏误,这样的偏误并不是学生学习比较句时发生的偏误,是学生在学习一般陈述句时已经发生的偏误,这类偏误在韩国留学生的比较句偏误中较为突出,在讨论分析时必须说明造成偏误的原因。

第三,偏误成因复杂。比较句的偏误即使是同一种类型,造成偏误的原因却可能是复杂的,比如同样都是语序偏误,可能是由于学生母语——韩语的影响,也有可能是第二语言汉语的影响,不能简单地得出结论,即韩国留学生习得汉语比较句的语序偏误是受其母语影响造成的,具体问题具体分析,找出正确的偏误原因,才能更好地进行有针对性的教学。例如,同样都是补语方面的偏误,但是造成偏误的原因却不同:

*[196]要说学习汉语的苦与乐,其实乐比苦多得还多。

*[197]反正对我来说学习汉语的乐比苦得多。

从偏误类型上看,它们的偏误都是补语方面的,但偏误的成因却不同,例[196]的偏误成因是汉语补语结构方面的问题,例[197]是汉语比较句结果项句法结构方面的问题,具体的讨论见第四章相关部分的考察分析。

第四,仅从语言影响的角度看,造成偏误的原因也是复杂的。第二语言习得的偏误原因也是复杂的,从总体上看,受母语和第二语言影响最大,但是学生的学习策略、句法结构习得的先后顺序等对偏误的形成也有一定影响。本书对学习者学习第二语言的主观因素,如学习策略、学习态度不进行讨论;对由于学习材料影响,如语法项目安排的先后顺序等也不讨论;只讨论语言对语言学习的影响,这种影响既是直接的,也是影响最大的,其中包含了学生母语——韩语对学习汉语的影响,也包含了汉语本身对韩国留学生学习汉语的影响。

这样的影响不一定是负面的,也有可能是积极影响。

第三章
韩国留学生习得汉语比较句语际迁移考察

众多因素影响学习者第二语言学习的过程,既包括语言之间的相互影响,也包括语言之外因素的影响,如性格[1]、年龄[2]、学能[3]、动机[4]、态度[5]、学习策略[6],甚至包括教学,这些都会影响学习者的第二语言学习。而情感、年龄、学能、动机、态度、性格、学习策略等因素是学习者的主观因素,语言教学本身并不能解决这些主观因素的问题,需要教师在教育学、心理学理论的指导下对学习者进行有针对性的引导,这些主观因素对韩国留学生学习汉语比较句的影响不在本书研究讨论的范围内,本章立足于考察韩国留学生的母语对韩国留学生习得汉语比较句的影响,并根据研究的结论,再进一步讨论如何正确的指导教学和教材编写。

在第二语言的习得过程中,学习者会把母语的特征迁移到目的语中去,可以通过语言的对比分析,预测和分析学习者进行的这样的迁移,预测他们在第二语言学习中可能遇到的困难和所犯的错误。这种语言与语言之间的影响被称为语际迁移,其中母语对目的语在语音、词汇、句法、语义、篇章等方面的积

---

[1] 周小兵:《对外汉语教学入门》(第三版),中山大学出版社,2017,第99页:个性在语言学习中的重要作用已经在第二语言教学研究领域中被证实,外向型性格在语言学习中占优势。

[2] 同[1],第95页:年龄对学习速度有明显影响。

[3] 同[1],第97页:语言学能包括语音编码能力、语法敏感性、归纳能力和机械记忆能力,其强弱直接影响学习者的第二语言学习。

[4] 同[1],第99页:动机的类型和水平受学习者社会环境的影响,动机能够影响学习者的第二语言学习,这与学习者的语言学能无关。

[5] 同[1],第98页:态度包含学习者对操二语的社区和人的态度,对正在进行的语言学习的态度,对一般语言和语言学习的态度。与态度相关的是文化适应,这些对第二语言的学习产生重要的影响。

[6] 同[1],第102页:根据策略运用的目的,学习策略可以分为语言策略和语言运用策略。

极影响会产生正向的迁移作用,这样的迁移被称为"正迁移",如母语与目的语发音一致时对学习目的语语音产生的正面影响,对基本的词义理解、对词语词性的判断、篇章的架构等方面产生的正面影响;而母语对目的语在语音、词汇、句法、语义、篇章等方面也会产生负向的迁移作用,这样的迁移被称为"负迁移",如母语与目的语发音不同或近似却不完全相同产生的负面影响、词语的词义近似用法却不相同产生的负面影响、语序类型以及句法结构上似同实异产生的负面影响等。

语际迁移是语言本身造成第二语言习得偏误最重要的原因,而通过母语与目的语的对比,既可以预测学生学习第二语言可能遇到的困难,还可以分析学生出现各种偏误的原因,从而可以在教学环节采取相应的对策来预防偏误的发生。虽然不是所有偏误都是由母语对目的语的语际负迁移造成的,但是从语言学的角度进行这方面的考察分析,有助于提高学生习得第二语言的正确率,减少偏误的发生。

本章将在上一章考察韩国留学生比较句语料总结归纳出的韩国留学生使用的汉语比较句句式结构的基础上,与韩语中相对应的比较句句式结构进行句法和语义上的对比分析,再针对第二章中分析得出的韩国留学生习得汉语比较句的各种偏误类型,用对比分析得出的结论对产生这些偏误的原因进行解释。

3.1 韩汉比较句句型结构分析

根据第二章的韩国留学生汉语比较句语料,总结归纳了韩国留学生在"HSK 动态作文语料库"中输出的汉语比较句的句法结构类型,值得注意的是,韩国留学生汉语比较句语料中没有"A 有 B(这么／那么)＋形容词"这一句法结构,但目前现有的其他研究韩国留学生汉语比较句习得研究的论文中,都能见到这一句型,因为这些研究中的语料都是通过试题或问卷调查得到的,在试题和问卷中设计了"有"字比较句的题目,就能得到相关语料,这与韩国留学生实际输出汉语比较句的情况有较大偏差。

本书基于"HSK 动态作文语料库"中韩国留学生汉语比较句的语料进行研究,但在进行汉语比较句与韩语比较句的对比分析时,要根据韩语和汉语两种语言中

比较句的基本句法结构构成来确定。在韩语比较句中,有"A 은/는/이/가[7]B 처럼 X(하)다"结构,对应的是汉语"有"字比较句结构,因此,在研究中我们仍然将"A 有 B 这么/那么 X"结构与"A 은/는/이/가 B 처럼 X(하)다"进行对比分析,据此我们确定了以下进行对比分析的比较句句法结构,如表一所示。

表一　韩语与汉语比较句句法结构对照表

类别	序号	句法结构
等比句	1	A 跟/像 B 一样/差不多
		와/과……같다,……와/과 마찬가지다(비슷하다)
	2	A 像……B 一样(X)
		A 은/는/이/가 B 처럼 X(하)다
	3	A 有 B 这么/那么 X
		A 은/는/이/가 B 만큼 X(하)다
差比句	4	A 比 B+X
		A 은/는/이/가 B 보다+X(하)다
	5	A 不如 B+X
		A 은/는/이/가 B 보다+X+(하)지 못하다
	6	A 不比 B+X
		A 은/는/이/가 B 보다+X+(하)지 않다
	7	A 不如 B+X
		A 은/는/이/가 B 보다+X+(하)지 못하다

3.2　韩汉等比句对比分析

根据我们总结归纳的上述韩汉比较句句法结构,我们把韩汉等比比较句分为三小类逐一进行对比分析。

---

[7]　韩语的主格标记"은/는/이/가"在使用时,除了与主格标记前的音节成分有关以外,也与说话人的主观倾向有关,选择"은/는"还是"이/가"对句法结构没有影响,但是在语义上会造成细微差别,这种差别不影响对韩语比较句的句法语义分析,因此在研究中对此不再进行讨论。

3.2.1 "跟……一样(差不多)"与"와／과……같다,……와／과 마찬가지다(비슷하다)"

在汉语等比比较句"跟……一样(差不多)"句型中,"跟"是介词,是比较句的比较标记,这类比较句的比较标记还可以由"和、同"充当,在多数情况下"和""跟"可以替换,而"同"带有一定的书面语特征,使用频率不高,因此,本节讨论的主要是"跟"作为比较标记的比较句。"跟"的前后分别是比较前项和比较后项,"一样(差不多)"作为结果项,比较前后项的位置可以互换,这也是汉语比较句中唯一可以互换比较前后项的句型结构,但这种互换并不是无条件的互换,在没有上下文语境的单句中,这种互换可以无条件实现,在有上下文语境的篇章中,要根据语境语义判断能否互换,而在汉语比较句的其他句型结构中,比较前后项都不能互换位置。

韩语等比比较句"와／과……같다,……와／과 마찬가지다(비슷하다)"是对比较项程度的比较,在句型中,"와／과"相当于汉语比较句中的"跟","와／과"是助词,比较前后项可以在"와／과"的前后,也可以都在"와／과"之前,具体使用"와"还是"과",由比较项的句法性质决定,"같다(비슷하다)""마찬가지다"相当于汉语比较句中的"一样(差不多)",是比较句中的结果项,比较前后项的位置可以互换,比较标记的位置更灵活。具体从以下几个方面进行对比分析:

第一,句法结构方面。韩汉等比比较句中都有以下句法结构,各句法结构可以一一对应。"A 跟 B……一样(差不多)"与"A 은／는／이／가 와／과 B……같다／마찬가지다(비슷하다)",比较标记和比较项、结果项一一对应,如:

[1]a. 我的包跟她的包一样。
[1]b. 내 가방과 그녀의 가방은 같다.
[2]a. 我买的衣服跟他买的衣服一样。
[2]b. 내가 산 옷과 그가 산 옷은 같다.

但由于韩语比较句的比较标记位置比较灵活,所以这两个例句在韩语中也可以这样表达,如:

[3]a. 我的包跟她的包一样。

[3]b. 내 가방은 그녀의 가방과 같다.

（直接对应翻译：我的包她的包跟一样。）

[4]a. 我买的衣服跟他买的衣服一样。

[4]b. 내가 산 옷은 그가 산 옷과 같다.

（直接对应翻译：我买的衣服他买的衣服跟一样。）

所以，韩语等比比较句的句型还有"A은／는／이／가와／과B……같다／마찬가지다(비슷하다)"这样的结构，这一句法结构与汉语等比比较句的句法构成一样，但是语序不同，说明韩语比较句中比较项的位置相对更加灵活，所以这既是一个句法结构不同的问题，也是一个语序问题，也从比较句这个语法项目上反映出了韩语与汉语在语言类型上的不同。汉语在语言类型上属于孤立语，没有时态和形态变化，但是语序是一种重要的语法手段，语序非常重要且不能随意变化，语序的改变会导致语义的变化；而韩语是黏着语[8]，有形态和时态的变化[9]，语序并不是一种重要的语法手段，只要用各种语法标记标记出句法结构的成分，语序并不影响对语句的理解。

第二，比较项的句法成分方面。韩语与汉语这一句法结构中的比较项都可以由名词或者名词性成分充当，如：

[5]a. 我的书跟他的书一样。

[5]b. 나의 책은 그의 책과 같다.

[6]a. 这件衣服跟那件衣服价格一样。

[6]b. 이 옷은 저 옷과 가격이 같다.

但汉语比较项可以由动词或动词性成分、形容词或形容词性成分充当，韩语中这些成分是不能直接充当比较项的，如：

[7]a. 我喜欢吃的跟他喜欢吃的一样。

[7]b. 내가(먹기)좋아하는 것은 그가(먹기)좋아하는것과 같다.

[8]a. 温柔跟善良一样。

[8]b. 상냥함은 착한것과 같다.

---

[8] 韩语作为黏着语具有如下特征:第一，"词根＋词尾"结构，词根是词汇的主要组成部分，体现词汇的意义，词尾黏着于体词、谓词的末尾，表示各种语法意义的附加成分；第二，"体词＋助词"结构，助词黏着在词、短语、句子之后，表示各种语法意义。

[9] 陆丙甫、金立鑫:《语言类型学教程》，北京大学出版社，2015，第102–103页。

必须将动词、形容词变形为名词性质才能充当比较项，"것"添加在动词、形容词后改变它们的句法性质为名词性成分，这也是韩语作为黏着语的句法特征表现。

第三，比较项的省略方面。韩语和汉语的比较句中，比较项可以根据语境或者语义省略，但具体的省略情况又有不同，具体到这一比较句句型分析如下：

[9]a. 我买的衣服跟他买的衣服一样。

[9]b. 내가 산 옷은 그가 산 옷과 같다.

[10]a. 我买的衣服跟他一样。

[10]b. 내가 산 옷은 그(가 산 옷과)와 같다.

*[11]a. 我买的跟他买的衣服一样。

[11]b. 내가 산 것은 그가 산 옷과 같다.

汉语比较句的比较项是不同对象时，涉及比较的比较点可以在比较后项中省略，例[9]是一个完整的表述，比较项是"我买的衣服"和"他买的衣服"，比较对象是"我"和"他"做的事情——"买衣服"，"买衣服"这件事是"比较点"，所有的内容都没有省略；例[10]中省略了比较后项的比较点"买衣服"，因为比较对象所做的事情都是"买衣服"，所以比较后项可以根据表达的需要省略，不再重复说明，韩语与汉语一致，都可以这样进行省略；例[11]中省略的是比较前项的比较点"衣服"，这样的句子在汉语中是不合法的，但是韩语的表述是可以成立的。

第四，结果项的句法成分方面。在"跟……一样(差不多)"与"와/과……같다，……와/과 마찬가지다(비슷하다)"句型中，"一样(差不多)"和"같다/마찬가지다(비슷하다)"可以直接充当结果项，它们都是形容词直接充当结果项，如：

[12]a. 他的车跟我的车一样。

[12]b. 그의 차는 내 차와 같다.

需要注意的是，在汉语这一结构中，此时"一样"可以替换成"相同"，"相同"更倾向于书面语表达时使用。

韩语和汉语中这一句型都可以在"一样""같다/마찬가지다(비슷하다)"后加形容词、心理动词及部分动词短语，此时"一样"不能替换为"相同"，如：

[13]a. 哥哥跟爸爸一样高。
*[13]b. 哥哥跟爸爸相同高。
[13]c. 형은 아버지만큼 크다.
[14]a. 我跟他一样喜欢汉语。
*[14]b. 我跟他相同喜欢汉语。
[14]c. 나는 그와 마찬가지로 중국어를 좋아한다.
[15]a. 中午他跟我一样吃的米饭。
*[15]b. 中午他跟我相同吃的米饭。
[15]c. 점심에 그는 나와 마찬 가진를 밥을 먹었다.

在汉语这一句型中,"一样"前可以加程度副词,但是只有"完全""差不多""几乎""不太"可以进入该结构,一般的程度副词"非常""很""特别""一点儿"等都不能进入这个结构,如:

[16]这本书跟那本书完全一样。
[17]这两本书几乎一样。
*[18]这本书跟那本书非常/很/特别一样。
*[19]这两本书有点/稍微一样。

但是韩语中这些程度副词都可以用来修饰比较结果的程度,如:

[20]이 책은 그 책과 매우 똑같다.
(直接对应翻译:这书那书跟非常一样。)
[21]이 두 책은 좀 비슷하다.
(直接对应翻译:这两书有点一样。)

第五,否定形式方面。汉语"跟……一样"的否定形式是"跟……不一样",从句法上看,"跟……一样"的否定形式还有一种,就是"不跟……一样",具体到比较句的否定形式,只能是"跟……不一样",因为"跟……不一样"否定的是"结果项",而"不跟……一样"否定的是"比较后项",而比较句的否定形式需要否定的是"比较的结果",所以"跟……一样"的否定形式是"跟……不一样"。

韩语对应的否定形式是"……와/과 같지 않다""……와/과 다르다",二者略有不同,"……와/과 같지 않다"是在表示"一样"的"같다"后加上了表示否定的"(하)지 않다",而"……와/과 다르다"中,"다르다"直接表示"不一样"。

[22]a. 我买的衣服跟他买的衣服不一样。

[22]b. 내가 산 옷은 그가 산 옷과 다르다.

[23]a. 这本是跟那本书不一样。

[23]b. 이 책은 저 책과 다르다.

[24]a. 我的想法和他的想法不一样。

[24]b. 나의 생각은 그의 생각과 같지 않다.

3.2.2 "A像……B一样(X)"与"A은／는／이／가 B처럼 X(하)다"

汉语等比比较句中的"A像……B一样(X)"表达的语义是比较项之间具有某种相似性,"像"是介词,"像……一样"构成介词结构,X不是必须的成分,如果出现X,则这个介词结构作X的状语;韩语等比比较句"A은／는／이／가 B 처럼 X(하)다"中"처럼"表示比较对象之间具有相似性,比较的是比较项之间的状态和性质。

二者之间具有对应性,但它们在语言中除了可以表达比较的语义之外,也都可以表达比拟和比喻的语义,在对语料进行分析时需要注意加以区别,如:

[25]a. 他像过去一样相信我。(比较)

[25]b. 그는 과거처럼 나를 믿었다.

[26]a. 爸爸希望我像他一样坚强。(比较)

[26]b. 아버지는 내가 그처럼 강해지기를 원하신다.

[27]a. 她的脸像纸一样白。

[27]b. 그녀의 얼굴은 종이처럼 희다.

[28]a. 他像父亲一样照顾我们。(比拟)

[28]b. 그는 아버지처럼 우리를 돌본다.

[29]a. 脸红得像苹果一样。(比喻)

[29]b. 얼굴이 사과처럼 빨개지다.

汉语的"A像……B一样(X)"与韩语的"A은／는／이／가 B처럼 X(하)다"既有相同之处,也有不同之处,具体分析如下:

第一,句法结构方面。从句法结构出发可以发现"처럼"对应的是"像",但"처럼"本身也有表示相似的语义,汉语中比较项分别在"像"的前后,且

位置不能随意变化,韩语中的两个比较项在"처럼"之前,但它的位置更加自由,如:

[30]a. 爸爸希望我像他一样努力工作。

[30]b. 아버지는 내가 그처럼 열심히 일하기를 원하신다.

(直接对应翻译:爸爸 我 像他一样 努力工作 希望。)

[30]c. 그처럼 아버지는 내가 열심히 일하기를 원하신다.

(直接对应翻译:像他一样 爸爸 我 努力工作 希望。)

"처럼"的位置比较灵活,既可以在比较项之后,也可以在句首,且保持句义不变,这与汉语的区别很大,汉语"A 像……B 一样(X)"句型中,所有的成分位置是固定的,不能变动。

第二,比较项的句法成分方面。汉语的"A 像……B 一样(X)"与韩语的"A 은/는/이/가 B 처럼 X(하)다"中,比较项 A 和 B 都可以由名词性成分充当,如:

[31]a. 他的个子像哥哥一样高。

[31]b. 그는 형처럼 키가 크다.

[32]a. 现在像以前一样方便。

[32]b. 지금은 예전처럼 편리하다.

例句中的比较项"他""哥哥""现在""以前"和"그""형""지금""예전"从句法性质上看,都是名词性成分。

在汉语"A 像……B 一样(X)"结构中,比较项可以是动词性成分和形容词性成分,而在韩语"A 은/는/이/가 B 처럼 X(하)다"结构中,动词性成分和形容词性成分不能直接进入句子,要进行形态变化后成为名词性成分,句子才能合法,如:

[33]a. 听音乐像睡觉一样都可以让身体得到休息。

[33]b. 음악을 듣는 것은 잠자는 것처럼 모두 몸을 쉬게 할 수 있다.

[34]a. 对女孩来说,温柔像漂亮一样重要。

[34]b. 여자아이에게는 상냥함이 예쁜 것처럼 중요하다.

在汉语中"听音乐""睡觉""温柔""漂亮"这样的动词性短语和形容词可以直接作比较项,但是韩语中"음악을 듣다"是动词性成分,不能直接作比较项,要在动词后加"것",变成名词性成分才能作比较项,"잠을 잔다"也是同

样变形为"잠자는 것","부드럽다"和"예쁘다"是形容词,没有变形前也不能作比较项,变形为"부드러움"和"예쁜 것"后成为名词性成分在句法上才能成立。

第三,比较项的省略方面。在这一结构中,韩汉比较句的比较项都可以省略,如:

　　[35]a. 她说话像妈妈说话一样温柔。
　　[35]b. 그녀의 말은 어머니가 말하는 것처럼 부드럽다.
　　[35]c. 她说话像妈妈一样温柔。
　　[35]d. 그녀의 말은 어머니처럼 부드럽다.
*[35]e. 她像妈妈说话一样温柔。
*[35]f. 그녀는 어머니가 말하는 것처럼 부드럽다.

从对语料的考察我们可以发现,汉语的"A 像……B 一样(X)"与韩语的"A 은/는/이/가 B 처럼 X(하)다"结构的比较项省略与"A 跟 B……一样(差不多)"与"A 와/과 B……같다/마찬가지다(비슷하다)"结构中比较项的省略情况相同。

在"A 跟 B……一样(差不多)"与"A 와/과 B……같다/마찬가지다(비슷하다)"结构中,汉语的比较前项即使有与比较后项相同的内容,也不能省略;而汉语的"A 像……B 一样(X)"结构中,比较前项仍不能省略与比较后项相同的内容,省略后影响对语义的理解,而韩语可以省略,如:

　　[36]a. 她的书像我的书一样多。
　　[36]b. 그녀의 책은 나의 책처럼 많다.
　　[36]c. 她的书像我一样多。
　　[36]d. 그녀의 책은 나처럼 많다.
*[36]e. 她像我的书一样多。
　　[36]f. 그녀는 내 책처럼 많다.

第四,结果项的句法语义方面。汉语的"A 像……B 一样(X)"结构,结果项可以是"一样",也可以是"一样+X",X 主要由性质形容词充当,状态形容词不能进入这个句型,但是韩语的"A 은/는/이/가 B 처럼 X(하)다"结构中,X 既可以是性质形容词,也可以是状态形容词,如:

　　[37]a. 她的脸像纸一样白。

[37]b. 그녀의 얼굴은 종이처럼 희다.

*[37]c. 她的脸像纸一样雪白。

[37]d. 그녀의 얼굴은 종이처럼 하얗다.

X的语义可以是积极义、中性义、消极义,根据比较结果的实际情况选择语义正确的形容词即可,没有语义范畴上的限制,如:

[38]a. 他像哥哥一样聪明。

[38]b. 그는 형처럼 총명하다.

[39]a. 现在像以前一样糟糕。

[39]b. 지금은 예전처럼 엉망이다.

这些例句中的"白""聪明""糟糕"分别是中性义、积极义和消极义的形容词,韩语和汉语的这一句型中对形容词的语义范畴没有特殊要求。

X还可以由动词性成分充当,但是汉语"A像……B一样(X)"结构中X不能是光杆动词,必须是动词短语,如:

[40]a. 我像他一样吃了包子。

*[40]b. 我像他吃(了)。

韩语"A은/는/이/가 B 처럼 X(하)다"结构中X可以由变形后的动词充当,具体情况取决于句子的时态和语义,如:

[41]a. 我像他一样吃了包子。

[41]b. 나는 그처럼 만두를 먹었다.

汉语的"A像……B一样(X)"与韩语的"AB 처럼 X"结构中,动词性成分进入X都有一定的限制。

韩语的"A은/는/이/가 B 처럼 X(하)다"结构中X还可以是名词性成分,汉语"A像……B一样(X)"中只有特殊名词才能进入这一结构,如:

*[42]a. 他像哥哥一样学生。

[42]b. 他像哥哥一样是学生。

[42]c. 그는 형처럼 학생이다.

*[43]a. 她像她妈妈一样好人。

[43]b. 她像她妈妈一样是好人。

[43]c. 그녀는 그녀의 엄마처럼 좋은 사람이다.

从例句中可以看出在该汉语结构中,名词不能直接作结果项,韩语需要在

名词词尾加"이다",限制没有汉语那么严格。

汉语中也有这样的句子,如:

[44]他像他哥哥一样垃圾。

这一类可以进入"A 像……B 一样(X)"结构中的 X 的名词具有形容词的用法,随着语言的发展,汉语中这类名词可能会成为兼类词,即这类词既是名词也是形容词。

第五,否定形式方面。汉语的"A 像 B 一样(X)"与韩语的"A 은/는/이/가 B 처럼 X(하)다"结构的否定形式分别是"A 不像 B 一样/这么/那么 X"和"A 은/는/이/가 B 처럼 X(하)지 않다",韩语仍然是在词尾加"(하)지 않다"表示否定,如:

[45]a. 她的书不像我的书那么多。

[45]b. 그녀의 책은 나의 책처럼 많지 않다.

[46]a. 他的身体不像以前那么好了。

[46]b. 그의 몸은 예전처럼 좋아지지 않았다.

3.2.3 "A 有 B 这么/那么 X"与"A 은/는/이/가 B 만큼 X(하)다"

汉语"A 有 B 这么/那么 X"结构中,"有"是比较标记,通常情况下"这么/那么"需要一起出现,X 的成分主要是形容词,韩语中与之对应的结构是"A 은/는/이/가 B 만큼 X(하)다",比较标记是"만큼",具体分析如下:

第一,句法结构方面。汉语的"A 有 B 这么/那么 X"与韩语的"A 은/는/이/가 B 만큼 X(하)다"从结构上看,首先是比较标记"有"与"만큼"对应,其次 A 和 B 作为比较项位置不同,韩语比较项 A、B 的位置灵活,汉语比较项 A、B 的位置是固定的,不能随意改变,如:

[47]a. 他有他爸爸(那么)高。

[47]b. 그는 그의 아버지만큼 키가(그렇게) 크다.

(直接对应翻译:他他的爸爸有个子高。)

[47]c. 그의 아버지만큼 그는 키가 크다.

(直接对应翻译:他的爸爸他有个子高。)

[48]a. 这个橘子有苹果那么甜。

[48]b. 이 귤은 사과만큼 달다.

（直接对应翻译：这个橘子苹果有甜。）

[48]c. 사과만큼 이 귤은 달다.

（直接对应翻译：苹果有这个橘子甜。）

因为韩语有形态标记，主格在标记后位置可以灵活变动而不影响语义的理解，这一句法特征表现在这个结构中，就是比较项位置可以灵活出现在比较标记"만큼"的前面或后面而不影响句义。

第二，比较项的句法成分方面。汉语的"A 有 B 这么 / 那么 X"与韩语的"A 은 / 는 / 이 / 가 B 만큼 X(하)다"结构中，能够充当比较项的情况与之前论述的其他等比比较句的情况一致，即汉语中的比较项可以由名词、名词性成分、形容词性成分以及动词性成分充当，而韩语中对应的比较项只能由名词性成分充当，动词性和形容词性成分可以通过改变形态变形为名词性成分再充当比较项，如：

[49]a. 她有她妈妈那么漂亮。

[49]b. 그녀는 어머니만큼 예쁘다.

[50]a. 漂亮有温柔那么重要吗?

[50]b. 아름다움이 부드러움만큼 중요합니까?

[51]a. 对他来说,画画有学习那么重要。

[51]b. 그에게 그림 그리기는 공부만큼 중요하다.

在例句中，"她""她妈妈"和"그녀""어머니"都是名词性成分；"漂亮""温柔"是形容词，而"아름다움""부드러움"是"아름답다"和"부드럽다"变形后成为名词性成分后作比较项的；同样的"画画""学习"都是动词性成分，而"그림을 그리는 것"通过加"것"变形为名词性成分，而"学习"对应的韩语直接选取了"学习"对应的名词"공부"，这样进入比较项符合韩语比较句对比较项的要求。

第三，结果项的句法语义方面。在我们穷尽语料库找到的为数不多的汉语"A 有 B 这么 / 那么 X"结构的语料中，X 均为形容词，并且绝大部分是积极义的性质形容词，如：

[52]a. 他有他爸爸那么高。

[52]b. 그는 그의 아버지만큼 키가 크다.

［53］a. 这个橘子有苹果那么甜。

［53］b. 이 귤은 사과만큼 달다.

［54］a. 她有她妈妈那么漂亮。

［54］b. 그녀는 어머니만큼 예쁘다.

这些例句中 X 都是积极义形容词,消极义形容词也可以充当结果项,但是数量极少,且绝大部分消极义形容词不能充当结果项,这一点,汉语与韩语具有一致性,如:

［55］a. 学习汉语有学习英语那么难。

［55］b. 중국어를 배우는 것은 영어공부만큼 어렵다.

＊［56］a. 他有他爸爸那么矮。

［56］b. 그는 그의 아버지만큼 키가 작다.

＊［57］a. 这个苹果有鸡蛋那么小。

［57］b. 이 사과는 달걀만큼 작다.

这些例句中,只有例［55］符合韩语和汉语句法,其余的句子都不合法。

并且汉语"A 有 B 这么／那么 X"结构中,X 不能由名词性成分充当,但是韩语"A 은／는／이／가 B 만큼 X(하)다"结构中可以,如:

［58］그는 그의 아버지만큼 부자이다.

直接翻译:＊他有他爸爸那么富翁。

意译:他有他爸爸那么有钱。

［59］그녀는 그녀의 어머니만큼 미인 있다.

直接翻译:＊她有她妈妈那么美人。

意译:她有她妈妈那么美。

第四,否定形式方面。汉语"A 有 B 这么／那么 X"结构的否定形式是"A 没有 B 这么／那么 X",韩语的"A 은／는／이／가 B 만큼 X(하)다"结构的否定形式是"A 은／는／이／가 B 만큼 X(하)지 않다／못하다"。汉语表示比较的"A 有 B 这么／那么 X"结构使用频率极低,趋近于 0[10],而它的否定形式"A 没有 B 这么／那么 X"的使用频率也非常低[11],在"HSK 动态作文语料库"中

---

［10］陈珺:《比较句语法项目的习得难度考察》,《华南师范大学学报》(社会科学版),2010 年第 3 期。

［11］徐燕青:《"没有"型比较句的初步考察——兼及"不像"型比较句》,《世界汉语教学》,1997 年第 1 期。

"没有"比较句共有 38 句,其中有偏误的句子有 18 句,偏误率为 47.40%。

在"A 没有 B 这么/那么 X"结构中,X 可以由积极义、中性义、消极义的形容词充当,但是使用消极义的 X 时,"这么/那么"一般要同时出现,如:

[60]a. 我没有他高。

[60]b. 나는 그만큼 크지 않다.

*[61]a. 我没有他矮。

[61]b. 나는 그만큼 키가 작지 않다.

[61]c. 我没有他那么矮。

[61]d. 나는 그만큼 키가 그렇게 작지 않다.

3.3 韩汉差比句对比分析

从前文总结归纳出的韩国留学生习得汉语比较句的句法结构类型中我们可以发现"比"字比较句"A 比 B+X"的句法结构的数量是最多的,并且 X 的句法成分也较为复杂,因此在归纳时根据 X 的不同情况分别归纳了不同的句法结构,但是这些句法结构都是"A 比 B+X"中根据 X 的不同情况细分而成,其对应的韩语结构都是"A 은/는/이/가 B 보다+X(하)다",因此,我们将从差比句的基本格式和特殊格式两方面进行讨论。

3.3.1 "A 比 B+X"与"A 은/는/이/가 B 보다+X(하)다"

在汉语"A 比 B+X"结构中,A、B 是比较项,"比"是比较标记;在韩语"A 은/는/이/가 B 보다+X(하)다"结构中,A、B 是比较项,"보다"是比较标记。X 作为结果项,比较的是比较项程度上的差异,在韩语和汉语中都可以由形容词性成分、动词性成分充当,这也是韩语差比句与韩语等比句最大的区别,根据前文的分析讨论,韩语等比句中的结果项 X 只能由名词性成分充当。下面进行具体的对比分析。

(一)句法结构方面

在汉语"A 比 B+X"结构中,A、B 作为比较项和"比"作为比较标记,它

们的位置是固定的,不能随意变动,如:

[62]a. 我比他高。≠他比我高。

*[62]b. 比他我高

*[62]c. 我高比他。

从语言类型学出发,汉语属于孤立语,没有"格"标记,语序是作为一种句法手段存在的,语序的改变意味着句义的改变,甚至是句子无法成立。

而在韩语"A은/는/이/가 B 보다+X(하)다"结构中,A、B 作为比较项,"보다"作为比较标记,它们的位置比较灵活,因为 A 和 B 有"格"标记,所以出现在句子中的位置不影响它在句中充当的句法成分,也不会影响句义,如:

[63]a. 我比她年龄大。

[63]b. 나는 그녀보다 나이가 많다.

(直接对应翻译:我她比年龄大。)

[63]c. 그녀보다 나는 나이가 많다.

(直接对应翻译:她比我年龄大。)

[63]d. 나는 나이가 많다 그녀보다.

(直接对应翻译:我年龄大她比。)

韩语中这三种语序都合法,只要保证比较前项有主格标记"는",比较后项与比较标记黏着,且比较后项在比较标记前,即为合法,即使比较后项出现在比较前项之前也不影响句法结构和句义的正确性,而在汉语中比较前后项位置互换会直接导致句义相悖的情况。

(二)比较项句法成分方面

在前文讨论分析韩国留学生习得比较句偏误时,对比较前后项的要求也有涉及。在人类的认知范畴中,进行比较的比较对象在语义上需要具有相关性,在句法上需要具有同质性,不是所有的句法成分都可以充当比较项,能够作比较项的句法成分具体有以下几种情况。

1. 名词性成分作比较项

这是汉语"A 比 B + X"和韩语"A 은/는/이/가 B 보다+X(하)다"结构中较为常见的情形,如:

[64]a. 今天比昨天热。

[64]b. 어제보다 오늘이 덥다.

[65]a. 超市的蔬菜比市场的蔬菜贵。

[65]b. 슈퍼마켓의 야채는 시장의 야채보다 비싸다.

例句中的"今天""昨天"和"超市的蔬菜""市场的蔬菜"都是名词或者名词性成分作比较项,例句中的"오늘""어제"和"슈퍼마켓의 야채""시장의 야채"也同样是名词或名词性成分作比较项。

2. 代词作比较项

[66]a. 他比他爸爸高。

[66]b. 그는 그의 아버지보다 크다.

[67]a. 他成绩比我好。

[67]b. 그는 나보다 성적이 좋다.

[68]a. 这个比那个贵。

[68]b. 이것은 저것보다 비싸다.

例句中的比较项"他""他爸爸""我""这个""那个"和"그""아버지""나""이""저"都是代词。

3. 动词性成分作比较项

在汉语"A 比 B + X"结构中, A 和 B 由动词或者动词性成分充当是无条件的,如:

[69]a. 说比做容易。

[69]b. 말하는 것이 하는 것보다 쉽다.

[70]a. 做饭比洗碗难。

[70]b. 설거지보다 밥을 하는 것이 더 어렵다.

[71]a. 坐车比走路快。

[71]b. 차를 타는 것이 걷는 것보다 빠르다.

汉语例句中的比较项都是由动词或动词成分直接充当的,而韩语中的比较项情况与之前等比比较句中的比较项一致,需要把动词性成分变形为名词性成分,具体就是在词根加"것",然后再与"보다"一起构成比较句。

4. 形容词性成分作比较项

与动词性成分充当比较项一样,在汉语"A 比 B + X"结构中, A 和 B 由形容词或者形容词性成分充当是无条件的,如:

[72]a. 勤奋比聪明更重要。

[72]b. 부지런함이 현명함보다 더 중요하다.

[73]a. 长比短好看。

[73]b. 긴것은 짧은 것보다 보기좋다.

[74]a. 寂寞比孤单更让人难受。

[74]b. 적막함은 고독함보다 더 괴롭다.

而在韩语"A 은/는/이/가 B 보다+X(하)다"结构中,形容词和形容词性成分不能直接充当比较项,需要加"것"或"음"使它们成为名词性成分,然后才能作比较项。

5. 数量短语作比较项

在汉语"A 比 B+X"结构中,比较项还可以是数量短语,这也是汉语比较句里的一类特殊句型"A+数量+比+数量+X",如：

[75]a. 一个人比两个人容易做好。

[75]b. 한 사람이 두 사람보다 하기 쉽다.

[76]a. 天气一天比一天热。

[76]b. 날씨는 점점 더 더워진다.

[77]a. 他一次比一次晚。

[77]b. 그는 점점 늦어지고 있다.

在韩语比较句中,数量结构作比较项也比较常见,但是没有直接对应"A+一+量+比+一+量+X"的结构,韩语中用"점점""갈수록"来表示程度递增,汉语则可以用"A+一+量+比+一+量+X"结构来实现这一语义的表达。

(三)比较项的省略方面

韩语比较句和汉语比较句的比较项在一定条件下都可以省略,首先要求比较项结构中有语义相同,即重复的部分,语义重复是可以进行省略而不影响语义理解的前提,基于此,比较项的省略在比较项是单个词语时是无法实现的,必须是短语结构才能实现,根据前文的讨论分析,在可以作比较项的各类结构中,除了数量短语因为固定结构"A+一+量+比+一+量+X"的要求不能省略以外,名词性结构、动词性结构和形容词性结构都可以在一定条件下省略。

1. 名词性结构比较项的省略

在汉语"A 比 B+X"结构中,名词性结构作比较项时,如果中心语是相同的,则比较后项的中心语可以省略,如：

[78]a. 今年冬天比去年(冬天)冷。
[78]b. 금년 겨울은 작년보다 춥다.
[79]a. 我的个子比他(的个子)高。
[79]b. 나는 그보다 키가 크다.
[80]a. 她的心情比我(的心情)好。
[80]b. 그녀의 기분은 나보다 좋다.
[81]a. 我的房间比哥哥的(房间)小。
[81]b. 내 방은 형의 방보다 작다.
[82]a. 他的包比我的(包)大。
[82]b. 그의 가방은 나의 것보다 크다.

韩语"A 은/는/이/가 B 보다+X(하)다"结构省略比较项的情况与汉语一致,但是由于韩语比较项和比较标记的位置比较灵活,所以从母语为汉语的韩语学习者的角度看,对"B 은/는/이/가 보다 A+X(하)다"这样的结构需要更多的时间习得,因为汉语比较句的语序是固定的,不能随意改变。

在上述例句中,有两种省略的情况:当定中结构中没有"的"时,直接省略比较项中相同的中心语即可;当定中结构中有"的"时,则有两种情况,定语和中心语的语义关系是领属关系,并且领属关系可以转让,则省略时不能省略"的",当中心语是属于定语的某一种属性时,省略时可以把中心语和"的"一起省略。

还有一类比较特殊的定中关系,比较项中重复出现的中心语不能省略,如:
[83]a. 我妈妈比他妈妈高。
*[83]b. 我妈妈比他高。
[83]c. 우리 엄마는 그의 엄마보다 키가 크다.
[84]a. 我哥哥比他哥哥大三岁。
*[84]b. 我哥哥比他大三岁。
[84]c. 나의 형은 그의 형보다 세 살 위이다.

这一句法特征在韩语和汉语中都有体现,比较项的定中关系不仅仅是领属关系,还是不可转让的亲属关系,比较项的中心语即使相同,这样的重复也不能省略。

还有省略定语的情况,可以省略的是比较后项与比较前项相同的定语,这

里又分为两种情况,一种是省略比较后项的定语,如:

[85]a. 他的汉语比英语好。

[85]b. 그의 중국어는 영어보다 낫다.

[86]a. 她跳舞比唱歌好。

[86]b. 그녀는 노래보다 춤을 더 잘 춘다.

这种情况是比较同一个领属关系的定中短语中的中心语,所以定语部分是相同的,重复的部分可以省略。

还有一种是省略比较前项的定语,如:

[87]a. 我比昨天好多了。

[87]b. 나는 어제보다 많이 좋아졌다.

[88]a. 他比以前努力。

[88]b. 그는 이전보다 노력한다.

从例句中我们可以发现省略比较前项定语的都是时间名词作定语的情况,虽然省略的是比较前项的定语,但是根据句义能够补充省略的定语,不影响句义的理解。

2. 主谓结构比较项的省略

[89]a. 我学汉语比我学英语好。

[89]b. 나는 중국어를 배우는것이 내가 영어를 배우는 것보다 낫다.

[90]a. 我学汉语比学英语好。

[90]b. 나는 중국어를 배우는것이 영어를 배우는 것보다 낫다.

[91]a. 我学汉语比英语好。

[91]b. 나는 중국어를 배우는것이 영어보다 낫다.

当比较项的主谓结构中的主语一致时,可以省略主语。如果主谓宾结构中的谓语也是一致的,可以省略主语和谓语,保留作为比较点的宾语即可,如上述例句,韩语跟汉语的句法要求一致。

[92]a. 我学汉语比他学汉语好。

[92]b. 나는(내가) 중국어를 배우는것이 그가 중국어를 배우는것 보다 낫다.

[93]a. 我学汉语比他好。

[93]b. 나는 중국어를 배우는것이 그보다 낫다.

当比较项的主谓结构中的主语不一致时,主语不能省略,可以省略重复出现的谓语和宾语。

(四)结果项句法语义方面

1. 形容词性成分充当结果项

汉语"A 比 B + X"和韩语"A 은 / 는 / 이 / 가 B 보다 + X(하)다"结构中的 X 是作为结果项存在的,这个比较的结果最常见的就是由形容词或者形容词性成分充当,如:

　　[94]a. 姐姐比我漂亮。
　　[94]b. 언니는 나보다 예뻐요.
　　[95]a. 今天比昨天热。
　　[95]b. 오늘은 어제보다 덥다.
　　[96]a. 她的皮肤比我白。
　　[96]b. 그녀의 피부는 나보다 희다.
　*[97]a. 她的皮肤比我雪白。
　*[97]b. 그녀의 피부는 나보다 하얗다.

在韩语和汉语的"比"字比较句中,结果项如果是单个形容词,都只能由性质形容词充当,状态形容词不能充当,性质形容词的重叠形式也不能充当比较项。

此外,形容词作比较项时,它的前面常常可以加程度副词表示程度,如:

　　[98]a. 超市的菜比市场的菜更贵。
　　[98]b. 슈퍼마켓의 요리는 시장의 요리보다 더 비싸다.
　*[99]a. 超市的菜比市场的菜有点贵。
　　[99]b. 슈퍼마켓의 요리는 시장 요리보다 좀 비싸다.
　*[100]a. 超市的菜比市场的菜很 / 非常贵。
　　[100]b. 슈퍼마켓의 요리는 시장의 요리보다 매우 비싸다.
　　[101]a. 哥哥比我更高。
　　[101]b. 형이 나보다 더 크다.
　*[102]a. 哥哥比我很 / 特别高。
　　[102]b. 형은 나보다 키가 크다.
　*[103]a. 哥哥比我一点儿高。

[103]b. 형은 나보다 조금 크다.

从例句中我们可以分析出韩语和汉语在这一结构中的区别,即形容词作结果项时,形容词前加程度副词,汉语只能加为数不多的几个程度副词,如"更""还",而韩语中则没有这个限制,韩语的"훨씬""더""아주"等都可以在这个结构中出现。

根据上面的分析讨论,大部分的程度副词都只能在形容词后出现,不能加在形容词前表示程度。汉语根据表达需要,可以在"很""特别"后加补语作为程度补语,如:

*[104]a. 超市的菜比市场的菜有点贵。

[104]b. 超市的菜比市场的菜贵一点儿。

[104]c. 슈퍼마켓의 요리는 시장 요리보다 좀 비싸다.

*[105]a. 超市的菜比市场的菜很/非常贵。

[105]b. 超市的菜比市场的菜贵很/非常多。

[105]c. 슈퍼마켓의 요리는 시장의 요리보다 매우 비싸다.

韩语中没有补语,所以表示程度的成分只能作为状语出现,放在谓语之前,除了程度补语以外,数量补语也同样如此,如:

[106]a. 我的衣服比你的贵三百块钱。

[106]b. 내 옷은 너의 것보다 300원 비싸다.

[107]a. 他比哥哥矮3厘米。

[107]b. 그는 형보다 3센티미터 작다.

在汉语"A比B+形容词"结构中,形容词前不能加否定词,如:

[108]a. 我成绩比他差。

*[108]b. 我成绩比他不好。

[108]c. 나는 그보다 성적이 나쁘다.

[109]a. 他比我矮。

[109]b. 그는 나보다 작다.

*[110]a. 他比我不高。

[110]b. 그는 나보다 키가 크지 않다.

韩语这个结构中的形容词前是可以用否定词的,如果需要翻译,只能选取该形容词的反义词翻译成汉语句子,而不能直接对译。

2. 动词性成分充当结果项

（1）在汉语"A 比 B + X"结构中，X 可以是动词，但是由于动词本身不具备表示比较结果的语义，即动词不含有表示差别的语义，所以光杆动词不能充当结果项，如：

*[111]a. 我比他跳。

*[111]b. 나는 그보다 춤을 춘다.

*[112]a. 他比我写。

*[112]b. 그는 나보다 쓴다.

这样由光杆动词直接充当结果项的情况在韩语中也同样不合法。

（2）汉语中动词性成分充当比较项，为了体现结果项语义中必须具备的"差异性"，必须在动词后加程度或数量补语，表示动词差异的结果，如：

[113]a. 我比他跳得高。

[113]b. 나는 그보다 높이 뛴다.

[114]a. 他比我写得多一千字。

[114]b. 그는 나보다 천 자를 더 쓴다.

而韩语中没有补语，对应汉语的这一结构，韩语是将表示程度或数量的程度副词和数量结构放在动词前作动词的状语，上述例句也能体现出韩语的这一句法特征，从句法结构上看表现出的是语序上的区别，深层的原因则是句法结构以及韩语和汉语语言类型的不同，如：

[115]a. 나는 그보다 빨리 달린다.

[115]b. 我比他跑得快。

（直接对应翻译：我他比快跑。）

[116]a. 그는 오늘 나보다 많이 마셨다.

[116]b. 他今天比我喝得多。

（直接对应翻译：他今天我比多喝。）

（3）汉语中动词性成分充当比较项，为了体现结果项语义中必须具备的"差异性"，还可以在动词后加宾语，但这一类动词仅限于能愿动词、心理动词等，如：

[117]a. 我比他喜欢听音乐。

[117]b. 나는 그보다 음악을 즐겨 듣는다.

［118］a. 他比我想去中国。

［118］b. 그는 나보다 중국에 가고 싶어한다.

［119］a. 他比我更有机会升职。

［119］b. 그는 나보다 승진할 기회가 더 많다.

韩语中也有表示心理的动词，在进入该结构时常常在心理动词前加程度副词表示程度，也经常加宾语使比较项的语义完整，如：

［120］a. 나는 그보다 고수를 더 싫어한다.

［120］b. 我比他更讨厌吃香菜。

［121］a. 형은 나보다 영화 보는 것을 좋아한다.

［121］b. 哥哥比我喜欢看电影。

但是作为心理动词，本身语义表示心理活动，而不仅仅是一个动作行为，因此在语义上具有差异义，所以有时可以单独作结果项，如：

［122］a. 他比我害怕。

［122］b. 그는 나보다 무섭다.

［123］a. 我比姐姐紧张。

［123］b. 나는 누나보다 긴장한다.

［124］a. 我比姐姐喜欢。

［124］b. 나는 언니보다 좋아해요.

（4）汉语比较句中还有"提高"类动词，如"提高、降低、增加、减少"等，它们比较特殊，其本身有表示变化的语义，但仍然不能以光杆动词的形式作结果项，如：

*［125］a. 今年我的成绩比去年提高。

［125］b. 올해 나의 성적은 작년보다 향상되었다.

［126］a. 今年我的成绩比去年提高6分。

［126］b. 올해 나의 성적은 작년보다 6점 올랐다.

［127］a. 今年我的成绩比去年提高了。

［127］b. 올해 나의 성적은 작년보다 향상되었다.

［128］a. 今年我的成绩比去年提高了6分。

［128］b. 올해 나의 성적은 작년보다 6점 올랐다.

这一类动词在充当比较项时，本身虽具有差异义，但是没有表现出具体的差异结果,所以仍然不能以光杆动词的形式出现,需要在后面加"了"表示模糊的变化结果已经实现,或加数量短语表示具体的变化结果。

韩语对应这一结构的情况仍然与前述分析一致,数量必须在"提高"类动词前作状语,如:

[129]a. 今年的人口比去年增加了 30 万。

[129]b. 금년의 인구는 작년보다 30 만 명 증가했다.

(直接对应翻译:今年的人口去年比 30 万增加。)

3. 名词性成分充当结果项

经过前文所有的分析讨论,到目前我们可以得出关于韩语比较句结果项的一个结论,即韩语比较项可以由名词性成分充当,而汉语只有在特殊修辞表达时才能将名词性成分作结果项,并不是常态化的形式,这与韩语区别很大,如:

[130]a. 你比他还阿 Q。

[130]b. 너는 그보다 더 모자라다.

*[131]a. 姐姐比我美女。

*[131]b. 언니는 나보다 미녀이다.

[132]a. 姐姐比我漂亮。

*[132]b. 그는 나보다 학생이다.

*[133]a. 他比我哥哥。

[133]b. 그는 나보다 형이다.

[134]a. 他比我大。

[134]b. 그는 나보다(나이가) 많다.

3.3.2 表示倍数的比较句方面

汉语表示倍数的基本结构是"A 是 B 的 X 倍",如果在比较句中表示倍数,其结构是"A 比 B＋形容词/动词＋X 倍";韩语表示倍数的基本结构是"A 는 B 보다＋X 배＋形容词/动词",如:

[135]a. 这个比那个大三倍。

[135]b. 이것은 저것보다 세 배 크다.

[136]a. 烟的价格比现在的高两倍。

[136]b. 담배의 가격은 현재의(가격)보다 두 배 높다.

*[137]a. 烟的价格比现在的两倍。

[137]b. 담배의 가격은 현재의(가격)(보다)두 배이다.

[138]a. 西瓜的价格比苹果高三倍。

[138]b. 수박의 가격은 사과보다 3 배 비싸다.

*[139]a. 西瓜的价格比苹果三倍。

[139]b. 수박의 가격은 사과(가격)(보다)3 배 이다.

3.3.3 否定形式对比

汉语"A 比 B + X"结构的否定形式有"A 不比 B + X""A 不如 B + X"和"A 没有 B + X"。"A 没有 B + X"已经在韩汉等比比较句的对比分析中进行了讨论分析,下面就"A 不比 B + X""A 不如 B + X"与韩语的对应结构进行对比分析。

第一,"A 不比 B + X"与"A 은/는/이/가 B 보다+ X +(하)지 않다"。

首先,从句法结构上看,韩语比较项的位置更自由,汉语比较项的位置是固定的,分别在比较标记的前后,这一点与它们的肯定式一致,在这里不再赘述。

其次,在汉语"A 不比 B + X"结构中,否定的是"A 比 B + X",而不是"X",所以,在语义上有"≦ X"的含义,在韩语"A 은/는/이/가 B 보다+ X +(하)지 않다"结构中,否定由"X +(하)지 않다"构成,在语义上也有"≦ X"的含义,如:

[140]a. 我不比哥哥高。

[140]b. 나는 형보다 크지 않다.

[141]a. 她的书不比我多。

[141]b. 그녀의 책은 나보다 많지 않다.

从句义上分析,例[140]是我跟哥哥一样高,或者比哥哥矮,例[141]是她的书跟我一样多,或比我少。

最后,韩汉该结构中的"X"可以由性质形容词充当,这与它们的肯定形式一致,在此不再赘述。但与肯定形式不同的是,"X"要求是中性义和积极义的形容词,消极义的形容词不能充当"X",并且汉语该否定结构中的"X"可以省略,如:

[142]a. 他学习不比我好。
[142]b. 그는 나보다 공부를 잘하지 못한다.
[142]c. 그는 공부를 나보다 잘하지 못한다.
*[143]a. 他学习不比我差／不好。
[143]b. 그는 나보다 공부를 못하지 않다.
[143]c. 그는 공부를 나보다 못하지 않다.
[144]a. 今年不比去年。
*[144]b. 올해는 작년(과)같지 않다.

在汉语"A 不比 B + X"结构中,"X"只能是中性义和积极义的形容词。

作为独立的单句,汉语的例句都可以成立,而韩语的例句不能成立,即在"A 은／는／이／가 B 보다+ X +(하)지 않다"结构中,"X"是不能省略的,韩语这一结构中的"X"是谓语,"(하)지 않다"必须跟在谓语之后,所以韩语该结构中的"X"不能省略。

第二,"A 不如 B + X"与"A 은／는／이／가 B 보다+ X +(하)지 못하다"。

首先,在汉语"A 不如 B + X"与韩语"A 은／는／이／가 B 보다+ X +(하)지 못하다"结构中,比较项的位置不同,即语序不同。

其次,在"A 不如 B + X"结构中,"不如"否定的是"B + X",因此与"A 不比 B + X"结构不同,"A 不如 B + X"在语义上不是"≦X"的含义,只有"＜X"的含义,这也是"不比"结构与"不如"结构在语义上的不同之处之一,韩语"A 은／는／이／가 B 보다+ X +(하)지 못하다"结构的语义与汉语一致,如:

[145]a. 我不如哥哥高。
[145]b. 나는 형보다 크지 못하다.
[146]a. 她的书不如我多。
[146]b. 그녀의 책은 나보다 많지 못하다.

我们选取"不比"结构论述中的相同语义的例子来看用"不如"的句子的语义,例[145]是我比哥哥矮,例[146]是她的书比我少,都没有表示程度一致的含义。

最后，与汉语"A 不比 B + X"结构相同，在"A 不如 B + X"结构中，"X"只能由中性义和积极义形容词充当，且"X"可以省略，如：

［147］a. 我的成绩不如他好。
［147］b. 나의 성적은 그보다 못하다.
＊［148］a. 我的成绩不如他差／不好。
［148］b. 나의 성적은 그보다 못하지 않다.
［149］a. 我不如她。
［149］b. 나는 그녀보다 못하다.
［150］a. 这个不如那个。
［150］b. 이것은 저것보다 못하다.

而在韩语"A 은／는／이／가 B 보다＋ X ＋(하)지 못하다"结构中，"X"的语义没有限制，并且"X"不能省略。

3.4　韩国留学生母语迁移对汉语比较句习得的影响

3.4.1　正迁移方面

韩语与汉语虽然属于不同的语言类型，在句法上有诸多不同，但是韩语作为学习者的母语，对学习汉语、汉语比较句仍然有很多正面的影响，即语际正迁移。

如前文所述，"A 跟 B……一样"与"A 은／는／이／가 B 와／과……같다／마찬가지다(비슷하다)"结构中，比较标记和比较项、结果项可以逐一对应，这对韩国留学生学习"A 跟 B……一样"结构产生正面的影响，发生语际正迁移，其他类似的语际正迁移我们不再一一赘述。总之，作为人类思维共同具有的"比较"表达，在语言上必然有着相同、相近之处，这都是产生语际正迁移的基础。

3.4.1.1　语序方面

汉语比较句的基本结构是"比较前项＋比较标记＋比较后项＋结果项"，

具体每一类比较句的结构上文都有分析讨论；韩语比较句中的比较项位置较为灵活，但比较项也可以分别位于比较标记的前面和后面，这样语序就与汉语一致，韩国留学生学习汉语比较句的语序的难度不大，如：

　　［151］a. 我的包跟她的包一样。

　　［151］b. 그녀의 가방과 나의 가방은 같다.

　　（直接对应翻译：她的包跟我的包一样。）

这里需要注意的是韩语中的主格标记"은"，说明"나녀의 가방"是主语，所以在韩语和汉语互相翻译时需要注意，同时韩国留学生学习汉语比较句在语序方面仍然有一定难度。韩国留学生学习汉语时要掌握汉语没有形态标记，除了倒装句之外，主语位于句首，而中国学生学习韩语时要掌握韩语有形态标记，标记过后的主语位置相对灵活。

3.4.1.2　程度副词方面

韩语比较句的结果项中常常使用程度副词"더"，汉语比较句的结果项中形容词前也可以使用"更""还"，在这一句法特征上，韩语与汉语一致。我们也可以发现，在所有韩国留学生的比较句语料中，这一类语料是最多的，达到365句，正确率也相对较高，这与韩汉比较句在句法结构上的一致有很大关系，如：

　　［152］a. 他的成绩比我更好。

　　［152］b. 그의 성적은 나보다 더 좋다.

　　［153］a. 这个比那个更重要。

　　［153］b. 이것은 저것보다 더 중요하다.

由于语言本身是一个系统，所以母语对学习第二语言的正迁移也是方方面面的，如韩语中基本的句法结构——主谓结构、状中结构等都对学习汉语中的同类结构有正迁移作用，这些结构虽然不是汉语比较句的必备结构，但是都可能成为汉语比较句构成的一部分；还有基于人类基本思维的语义搭配方面，这些对构成语义合法的比较句也有深层的影响。

这是涉及比较句方面的正迁移，而语言作为一个系统，语音、词汇、语法、语义、语用等方面的互相影响无处不在，它们同样会影响韩国留学生比较句的习得，这种影响虽然不是直接作用在比较句上，但是可以通过语音、词汇等等来影响比较句的习得，如，构成比较句的各类词汇的语义，韩国留学生通过韩语与汉语的对译理解掌握这些词汇的语义,对于汉语比较产生的逻辑基础也是基于韩语的比较句建立的。

总之,母语为韩语的学习者学习汉语比较句时,母语的迁移影响不可避免,正迁移时刻存在,如何利用好这些正迁移也是汉语教学需要注意的方面。

3.4.2 负迁移方面

与韩语作为母语对学习汉语比较句产生的正迁移一样,负迁移也同样是不可避免的。进行语言的对比分析,不仅能够预测学习者学习的重点和难点,还可以对产生的偏误进行分析,找到产生偏误的原因可以更好地指导学生的汉语学习,还能对教学进行规划,尽可能提高学生的学习效率。下面我们针对韩国留学生的偏误语料对这种负迁移进行具体的梳理和分析讨论。

3.4.2.1 语序方面

由于韩语属于黏着语,有格标记和形态标记,并且韩语的基本语序为"S＋O＋V";汉语属于孤立语,没有格标记和形态标记,基本语序是"S＋V＋O",所以在语序上母语为韩语的学习者会受到母语语序的影响,产生很多偏误,如:

*[154]素菜吃的人比吃肉的人很健康。

*[155]现在我呢,跟爸爸比跟妈妈更多心里话说。

"素菜吃"这个表达是受到韩语语序的影响,在结构上是"O＋V","更多心里话说"的结构也是一样,汉语中的"更"只能修饰形容词性结构,并且"说"作为"V"必须在"心里话"之前,正确的语序是"说更多心里话"。

然后是比较项位置,如:

*[156]父母希望和自己一样孩子们也努力工作,努力学习。

*[157]世界上没有爱比更强的东西。

"孩子们"和"自己"分别是两个比较项,"和"是比较标记,比较项必须分别位于比较标记的前后和后面,"孩子们"作为比较前项必须出现在"和"之前,即"父母希望孩子们和自己一样";"世界上没有爱比更强的东西"也是受韩语比较句语序的影响而成句,正确的语序是"世界上没有比爱更强的东西"。

总之，韩国留学生习得比较句的语序类偏误中有相当一部分是受韩语语序的影响造成的，还有很多是汉语的一些句法规则或者句法结构没有掌握好而造成的偏误。从第二章的讨论分析来看，这一部分的偏误比较零散，但总数也不少，所以，韩国留学生学习汉语比较句的语序时，通过对偏误的分析和韩汉语言的对比，我们可以发现，既要注意韩语语序对汉语语序的影响，也要注意汉语基本句法结构，如 V + O 结构、更+形容词性结构及其语义的搭配，以及基本句法规则的学习，如比较项分别位于比较标记前后等。

语言作为一个系统是复杂的，学习一种外语同样是系统性的学习，也是复杂的，学习和掌握汉语比较句不是单纯地只学习比较句的结构和规则，同时也需要以学生对汉语词汇、其他基本句法规则以及语义表达的掌握作为基础。

3.4.2.2　程度副词方面

通过对比分析，我们发现，在肯定形式的汉语比较句中，结果项中的形容词性结构前常常使用程度副词"更""还"，而不能使用"很""非常""特别""十分"等，这一类偏误在韩国留学生习得比较句的程度副词使用偏误中占了绝大多数，如：

*[158]反而，我觉得我父母的思想比我太先进。
*[159]这些绿色食品的收入比用农药的食品很高。
*[160]尤其这几年内父母对孩子们的教育花的钱比以前非常多。

而在韩语中，比较句结果项中常常使用"더"，所以韩国留学生在比较句结果项中使用"更"的语料正确率比较高，但是在比较句结果项中使用"还"的语料偏误比较多，如：

*[161]青年人的学习速度比老年人还快的情况下，必然发生沟通的问题。
*[162]也就是说，我们的农业科学水平已经比过去哪一年还发达。
*[163]我们生活当中应该考虑不比我们生活还好的人的处境。

这一类偏误不仅仅受到韩语"더"直接翻译成汉语的程度副词"还"的影响，还受到学习汉语比较句时没有掌握好比较句结果项中的"还"与"更"的区别的影响，关于这部分的分析讨论将在下一章中进行。

此外，通过对比分析，韩语的否定比较句的结果项可以使用程度副词表示比较结果的程度,但是汉语否定比较句结果项用程度副词限制很多,常常用"这么/那么"来表示程度,这样就造成了很多偏误的发生,如:

*[164]我觉得吃绿色食品不如解决饥饿问题更重要。

*[165]这个时期多抽烟的年轻人比不上不抽烟的年轻人动脑得更快。

[166]没有比人的生命更重的了。

[167]从前的生活条件没有现在这么富裕。

[168]以前家里没有这么穷。

偏误的例句中都有不能使用程度副词"更"这一偏误情况,我们发现,"不如""比不上""不比"这一类否定比较句的结果项不能使用程度副词,只有"没有"类否定比较句的比较项可以使用程度副词修饰比较结果。

3.4.2.3　比较项和结果项句法、语义搭配方面

汉语比较句的比较项省略有着严格的限制,一般情况下省略的都是比较后项中与比较前项相同的中心语,而韩语比较句的比较项省略的限制没有汉语严格,因为有形态和格标记,所以省略比较前项也可以成立,韩国留学生把韩语比较句的这一句法特征迁移到汉语比较句中,则会发生这样的偏误:

*[169]听说女人比男人抽烟对身体更不好。

韩语比较句的结果项直接用名词,而汉语比较句的结果项除了有修辞需要时可以用名词以外,在一般情况下结果项都不能由名词或名词性成分充当,所以在韩国留学生习得比较句的偏误中,有以下偏误出现,如:

*[170]什么样的痛苦和困难也不如生命。

3.4.2.4　补语使用方面

由于韩语中没有补语,而汉语比较句的结果项常常用补语表示数量或者程度,特别是在"A 比 B ＋动词＋ X"这一结构中,与韩语不同,"X"只能是宾语或数量和程度补语,没有"程度副词＋动词"这样的结构,所以受韩语影响,学生会出现该用补语而不用的偏误,如:

*[171]随着社会经济发展得很快,人们的生活水平比以前格外提高。

*[172]如果继续吃用化肥和农药的食品的话,那个人比吃绿色食品的人早点死。

这类偏误中出现了"程度副词＋动词"的结构，该用补语而没用，造成偏误。

同时，由于韩语中没有补语，所以韩国留学生在补语的句法结构和语义方面的学习都是重难点，很容易在使用补语时出现各种偏误，如：

＊［173］在我们的生活周围多处可见这样的现象，变化变得比以前快。

＊［174］比自己一个人吃力得少。

＊［175］绿色食品虽然比其他食品一点儿贵。

其中"绿色食品虽然比其他食品一点儿贵"的偏误既可以分析为补语表达问题，正确的表达是"绿色食品虽然比其他食品贵一点儿"，也可以分析为比较项中形容词前的程度副词问题，此时的正确表达是"绿色食品虽然比其他食品更贵"。这样不同的修改，会影响偏误类型的分析，只能回到学生的语料篇章中，根据上下文语境，判断该句的偏误属于补语表达问题。

3.4.2.5 "是"字陈述句方面

韩语中的一般陈述句结束时，词尾形容词词干以开音节结尾时要加ㅂ니다，以闭音节结尾时要加습니다，对译成汉语相当于"是"，因此受到母语的影响，韩国留学生在汉语一般陈述句表达时常常用"是"，如：

＊［176］所以绿色食品是比普通食品价格贵得多。

＊［177］我认为解决饥饿是比吃绿色食品更重要。

＊［178］父母给孩子的影响是比谁都大。

＊［179］作为老大，我对你们的爱是根本跟弟弟妹妹不一样。

＊［180］但是我的看法是跟妈不一样。

这是受到韩语影响发生的偏误，本身并不是比较句句法结构造成的偏误，是韩国留学生将这一表达迁移至汉语比较句结构时造成了比较句表达偏误。

我们在第二章的2.3.6讨论中分析了汉语陈述句使用"是"的基本情况，即汉语一般陈述句表达时不用"是"，只在表示判断的陈述句中用"是"，这类句型的句法特征是能够用"是"或"不是"来作答，考察韩国留学生的语料，这些语料都不能用"是"或"不是"回答，因此这些比较句中不能用"是"。

在表示强调的汉语陈述句中，应该使用"是……的"结构，韩国留学生往往只用"……的"，缺少了"是"，如：

＊［181］在旁边呼吸的人比吸烟的人更危险的。

*［182］我听说间接吸烟的影响比直接吸烟的影响更厉害的。
*［183］第一,先想别人,在这个世界上没有人跟你一样的。
*［184］所以绿色食品是比普通食品价格贵得多。
*［185］我认为解决饥饿是比吃绿色食品更重要。

这两类偏误都是与未掌握好比较句句法规则无关的偏误,但是事实上对比较句的表达影响很大,这也说明了语言是系统性的,一个语法项的正确表达不仅仅取决于这个语法项本身的掌握程度。

3.4.2.6　形容词作结果项时用否定结构

一般情况下,汉语比较句的结果项是形容词充当时,不能用"否定词+形容词"的结构,如果需要表达的语义是这个形容词的相反意义,也不能前加否定词,可以选这个形容词的反义词进入结构,韩语则没有这个限制,所以韩国留学生的比较句语料中能见到这样的偏误,如:

*［186］听说女人比男人抽烟对身体更不好。
*［187］人类发病的情况比现在不多。
*［188］代沟是一天比一天不一样。

这样的情况只能用与"不+形容词"结构近义的形容词,即:

［189］听说女人比男人抽烟对身体更糟。
［190］人类发病的情况比现在少。
［191］代沟是一天比一天大。

3.5　小结

1. 对比分析的系统性

韩语比较句与汉语比较句的句法、语义特征既有相同、相似之处,也有很大的区别,需要系统性地进行对比分析。

首先需要确定对比分析的比较句的句法结构类型,确定进行对比分析的切入点;其次要从句法、语义等多个角度进行对比分析;最后,对比分析要从比较句的比较项、结果项以及对应的否定形式等多方面进行。

2. 偏误成因的复杂性

本章通过韩语和汉语比较句的对比分析讨论韩国留学生习得比较句部分偏误产生的原因,但不是所有的偏误都是由语际负迁移造成的,因为偏误类型的分类是从正确句子与偏误句子的比较中得出来的,只是从语言外在表现的语言形式方面进行分析分类,而不是从句法、语义结构内部进行分析分类,因此,同一偏误类型中,造成偏误的原因可能是不同的,在讨论分析时要进行区分。例如,同样是语序的偏误,成因却不同。

*[192]父母希望和自己一样孩子们也努力工作,努力学习。

*[193]三十年以上抽一天一盒以上的吸烟者更容易得到严重的病毒比不抽的人。

这两个偏误的句子通过我们前文的分析讨论,是受到韩语语序的影响造成的。

*[194]世界上没有爱比更强的东西。

*[195]我认为比饥饿更大危害的是用大量的化肥和农药的结果。

从语言表述上看是语序偏误,但是成因是汉语比较句的句法结构使用出现偏误。

还有一些句子的偏误是多样的,如:

*[196]现代社会一天比一天发病率很高一些。

这句的偏误有"一+量+比+一+量+形容词"结构习得的问题,也有语序问题,还有比较句比较项中副词的使用问题,在进行偏误分析时要一一分析。

第四章[1]
韩国留学生习得汉语比较句语内迁移情况考察

比较句作为韩国留学生学习汉语的重难点,在前述的讨论中我们重点分析了韩国留学生学习汉语比较句的偏误类型,并且通过韩汉语言对比分析解释了部分偏误的形成原因,但同时我们发现这些偏误并不都是因为受到学生母语影响而形成的,部分偏误是由于汉语内部的句法结构或语义搭配没有掌握好,还有一部分偏误是由于汉语比较句的句法语义没有掌握好。

在韩国留学生汉语比较句的语料中,我们能看到这样的句子:
[1]现在不如以前。=现在不比以前。
[2]现在我不如一个孩子。≠*现在我不比一个孩子。
*[3]现在我不如一个孩子好多少。≠现在我不比一个孩子好多少。
[4]他的成绩比我更好。≈他的成绩比我还好。
[5]不要怕别人比自己有更多的利益。≠*不要怕别人比自己有还多的利益。

学生在学习了汉语比较句的基本句法结构后,因为比较句中"不如"和"不比","更"和"还"的句子有时可以互换,语义变化不大,所以学生在学习时认为它们互相之间可以互换,造成了比较句的这一类偏误。

本章内容就是讨论分析韩国留学生在习得汉语比较句时,由于受到汉语不同类型比较句的句法和语义规则的影响,出现语内负迁移造成偏误的情况,主要是由于学生没有掌握好不同句法结构的比较句之间的区别,进而造成了语内负迁移,以及由于汉语其他句法规则未掌握好而造成的汉语比较句偏误。

---

[1] 本章论述中所用韩国留学生的偏误语料和BCC语料库中的语料均已注明出处。

下面我们针对韩国留学生习得汉语比较句偏误分析发现的语内负迁移问题进行讨论分析。

4.1 "不比""不如"和"没有"比较句考察分析

这三类否定比较句的形式分别对应三类肯定式比较句：
A 不比 B——A 比 B
A 不如 B——A 如 B
A 没有 B——A 有 B

但是考察"现代汉语 BCC 语料库"中的语料,这六类比较句的数量相差比较大,根据前文论述"有"字比较句我们发现,"现代汉语 BCC 语料库"中的"有"字比较句数量极少,可以忽略不计,而在"HSK 动态作文语料库"中,"有"字比较句的数量也是 0;而"如"字比较句在现代汉语的语料库中的数量跟"有"字比较句一样,数量极少,"如"字比较句更多地出现在古代汉语语料中,"不如"比较句的数量远远大于"不比"比较句的数量[2];而"比"字比较句是数量最多的一类比较句。

通过对这六类比较句在"BCC 语料库"中的"文学"语料库中的情况进行分析,我们可以得出以下结论:第一,现代汉语比较句的肯定形式和否定形式的数量是不对称的,肯定比较句的数量远远大于否定比较句,这也符合人类语言中肯定形式大于否定形式这一共性特征;第二,现代汉语比较句的肯定形式和否定形式不是一一对应的,由于语言的发展变化,肯定形式的"如"字比较句和"有"字比较句在现代汉语中几乎消失;第三,三种否定形式比较句的数量是"不如"句＞"没有"句＞"不比"句。

因为同属于比较句的否定形式,且在一定的语境中可以互换,意义差别不大,如:

［6］他没有比其他人好。／他没有其他人那么好。

---

［2］ 在"BCC 语料库"中的"文学"语料库(30亿字)中进行检索,用"不如"检索有7654句语料,用"不比"检索有1855句语料,通过模糊比较得出这一结论。

= 他不比其他人好。
≈ 他不如其他人好。

但是不能互换的情形更多,如:

[7] 结果没有比从前好多少。/ 结果没有从前那么好。
= 结果不比从前好多少。
≠ *结果不如从前好多少。

[8] 全世界没有比你善良的姑娘了。/ 全世界没有你这么善良的姑娘了。
≠ *全世界不比你善良的姑娘了。
≠ *全世界不如你善良的姑娘了。

[9] 我认为自己的勇气没有比一般人差。
= 我认为自己的勇气不比一般人差。
≠ *我认为自己的勇气不如一般人差。

所以如何让学生区分不同的否定比较句,减少汉语语内负迁移对学习汉语比较句的影响是我们需要讨论分析的重点。

4.1.1 各否定比较句的句法特征分析

这三类否定比较句在句法和语义上既有相同之处,也有很多不同的地方,有着各自的特征,正是由于这些特征造成了它们在用法上的不同。

进行考察的否定比较句的基本句法结构有:

A + 没有 + B(这么/那么) + X

A + 没有比 + B + X

A + 不如 + B + X

A + 不比 + B + X

由于句法和语义有着密不可分的关系,相互之间的影响也不能简单一分为二,所以这部分的分析以句法特征分析为主,也会涉及影响句法特征的语义特征,下一部分的讨论以语义特征的分析为主。

需要说明的是"A + 没有比 + B + X"结构有两小类,其中一类可以与其他几类互相转换,还有一类表示排他语义,不能与其他否定比较句互换,因为

其他否定比较句都是差比比较句,如:

[10]没有比《红楼梦》更好的小说了。

[11]没有比一直活下去更可怕的了。

[12]世界上没有比两种相似的痛苦更能互相理解了。

这是固定结构"A 没有比 B 更 X",这一类不属于差比否定比较句,不在本节讨论分析的范围内,韩国留学生也有这一句型的偏误,如:

*[13]没有比我父亲留给我深刻印象的人。

偏误发生的原因是没有掌握好固定结构,正确的表达是"没有比我父亲留给我更深刻印象的人"。

4.1.1.1 比较项的句法特征

这几类否定比较句在句法特征上有相同之处,这就为它们互相之间的转换提供了客观条件。

第一,名词、代词和名词性结构作比较项。例如:

[14]我没有比马桥人做得更多。(韩功《马桥词典》)

[15]我们的生产也没有比以前多。(托尔金《指环王》)

[16]我没有比过去好一点。(狄更斯《董贝父子》)

[17]洋人不比中国人。(萧乾《小蒋》)

[18]山的变化不比人和村子。(刘玉民《骚动之秋》)

[19]那时候的狗不比人差。(莫言《红高粱家族》)

[20]我们现在不比从前了。(张恨水《金粉世家》)

[21]他不如他们。(老舍《牛天赐传》)

[22]周先生的身体是不如从前了。(萧红《鲁迅先生记》)

[23]兽与兽的差别不如人与人的差别大。(蒙田《蒙田随笔全集》)

例[14]中的"我""马桥人",例[15]中的"我们的生产",例[16]中的"(现在的)我""过去(的我)",例[17]中的"洋人""中国人",例[18]中的"山的变化""人和村子",例[19]中的"那时候的狗""人",例[20]中的"我们",例[21]中的"他""他们",例[22]中的"周先生的身体",例[23]中的"兽与兽的差别""人与人的差别",这些比较项都是名词、代词或名词性结构。在"没有比""不比""不如"比较句中它们都可以充当比较项。

同时还有比较项的省略现象,当比较项不变,比较的是比较项在时间上产生的各种变化时,往往会省略比较后项,只保留时间名词,对具体的比较项进行省略,如例［15］、例［16］、例［17］、例［18］;比较项是定中短语时,省略比较后项中重复的定语或者中心语,如例［18］、例［19］。
　　根据这些句法规则,我们可以解释语料中韩国留学生出现的偏误,如:
　　*［24］父母生活的那时代没有跟现在一样丰富。
　　*［25］身体健康也不如以前的身体。
　　*［26］每件事都不如我意做好。
　　例［24］是没有掌握好"没有"比较句的句法结构造成的偏误,正确的表达是"父母那个年代的生活没有现在这么丰富"或"父母那个年代的生活没有比现在丰富";例［25］由于比较项是"身体健康",比较的是时间上"身体健康"的变化,所以省略后比较后项只保留时间名词"以前"即可,正确的表达是"身体健康也不如以前";例［26］涉及了"不如"比较句的一些固定表达,"不如某人的意"在现代汉语中已经成了固定结构,正确的表达是"每件事都不如我的意"。
　　"不如"比较句在长期的使用过程中,形成了"没有"比较句和"不比"比较句所没有的固定搭配,这些固定搭配只能用"不如",如:
　　［27］天时不如地利,地利不如人和。(《孟子·公孙丑》)
　　［28］新婚不如久别。(莫言《四十一炮》)
　　［29］不如人意。
　　［30］择日不如撞日。
　　这些固定结构往往言简意赅,并且很多固定搭配已经发展成为汉语中的熟语,如:
　　［31］百闻不如一见。
　　［32］人算不如天算。
　　［33］远亲不如近邻。
　　［34］天时不如地利,地利不如人和。
　　这些"不如"句不能简单地分析为比较句,要根据实际情况进行具体分析。
　　第二,动词和动词性结构作比较项。例如:
　　［35］创造一个东西并不比保存一个东西更伟大。(笛卡尔《笛卡尔文

集》）

[36]做媳妇不比做女儿,媳妇成天有一定家务事。(沈从文《长河》)

[37]英勇地战死沙场不比偷生苟活好得多、光荣得多吗？（弗朗索瓦·拉伯雷《巨人传》）

[38]救活不如不活。(蒙田《蒙田随笔全集》)

[39]活着还不如一条狗。(莫言《丰乳肥臀》)

例[35]中的"创造一个东西""保存一个东西",例[36]中的"做媳妇""做女儿",例[37]中的"英勇地战死沙场""偷生苟活",例[38]中的"救活""不活",例[39]中的"活着",这些比较项都是动词性结构,动词和动词性结构在"没有""不比""不如"比较句中充当比较项。其中,例[39]的比较项"一条狗"是数量结构,这是省略后的结果,根据上下文语境,例句要表达的语义是"人活着还不如一条狗活着",根据上文省略了"人",根据比较项重复的内容,省略了"活着"。

第三,主谓短语作比较项。例如：

[40]我谈过的恋爱不比你少。(贾平凹《废都》)

[41]城里的人买菜不比乡下。(李準《黄河东流去》)

例[40]中的"我谈过的恋爱",例[41]中的"城里的人买菜"都是主谓结构,同时由于谓语部分在比较前后项中重复出现,因此在表达时都进行了省略,省略前的原句是"我谈过的恋爱不比你谈过的恋爱少","城里的人买菜不比乡下的人买菜"。

第四,数量短语作比较项。例如：

[42]六千二百万不比五千七百万更接近实际情况。(乔治·奥威尔《1984》)

[43]一台彩电还不如一条好烟值钱。(大江健三郎《我在暧昧的日本》)

[44]它的价值还不如一块西瓜皮。(莫言《会唱歌的墙》)

[45]我还不如一条狗。(老舍《樱海集》)

例[42]中的"六千二百万""五千七百万",例[43]中的"一台彩电""一条好烟",例[44]中的"一块西瓜皮",例[45]中的"一条狗",都是数量短语作比较项,其中"一块西瓜皮"和"一条狗"是根据比较前后项重复内容省略后的结果。

4.1.1.2 结果项的句法特征

第一,形容词和形容词性结构作结果项。单个形容词可以直接作结果项,如:

[46] 我没有他那么高。

[47] 我的成绩没有他那么差。

[48] 她的嗓子并不比以前好。(老舍《四世同堂》)

[49] 现在人不比以前笨。(莱蒙特《农民们》)

[50] 我们的成绩也不比别人差。(王小波、李银河《东宫·西宫》)

[51] 她不如姐姐漂亮。

[52] 现在的生活不如以前好。

"没有"比较句例句中的"高""差","不比"比较句例句中的"好""笨""差","不如"比较句例句中的"漂亮""好",都是单个性质形容词。

但是它们对作比较项的形容词的语义有要求,在"没有"和"不比"比较句中,充当结果项的可以是消极义、中性义和积极义形容词,而"不如"比较句中,充当结果项的只能是中性义和积极义形容词,用之前的例子来进行对比,如:

[53] 我没有他那么矮。

[54] 我的成绩没有他那么好。

[55] 她的嗓子并不比以前差。

[56] 现在人不比以前聪明。

[57] 我们的成绩也不比别人好。

*[58] 她不如姐姐丑。

*[59] 现在的生活不如以前差。

从例句中可以发现在"不比"和"没有"比较句中,形容词作比较项时,对形容词的语义选择比较自由,而在"不如"比较句中,消极义形容词不能作比较项。

除此以外,在形容词性结构充当结果项时,形容词的前面可以加表示程度的状语,后面可以加表示程度和数量的补语,其中表示程度的状语如前所述,只能使用"更""还",不能使用"很""特别""非常""十分"等,只有"不比"比较句可以使用"多少"作为程度补语,而"没有"和"不如"比较句则不能,如:

[60]我也不比人家高明多少。(茅盾《腐蚀》)
[61]她的嗓子并不比以前差多少。
[62]现在人不比以前聪明多少。
[63]我们的成绩也不比别人好多少。
*[64]我没有他高多少。
*[65]我的成绩没有他好多少。
*[66]她不如姐姐漂亮多少。
*[67]现在的生活不如以前好多少。

通过对这些句法规则的讨论,我们可以据此对语料库中韩国留学生出现的偏误进行分析,如:

*[68]我们可以晓得他们也没有那么保守的人。
*[69]可是生活上没有那么尊敬、礼节。(那么+形容词)
*[70]什么样的痛苦和困难也不如生命。(不如+形容词)

例[68]"保守的人"是名词性结构,不能作结果项,正确的表达是"我们可以晓得他们也没有那么保守";例[69]也是结果项的句法性质出错,正确的表达是"可是生活上没有那么多礼节";例[70]缺少了结果项,正确的表达是"什么样的痛苦和困难也不如生命重要"。

第二,动词和动词性结构作结果项。由于动词本身的词义不具备表示变化的语义,因此,动词或动词性结构充当结果项时,动词前需要加表示程度的状语,或在动词后加表示程度和数量的补语,使这个动词具有程度上的区别来表达变化,这是构成比较句的语义上的要求,如:

[71]我的成绩不如他提高得快。
[72]我不比你懂得少。(老舍《老张的哲学》)
[73]我并不比你更喜欢他。(伏尼契《牛虻》)
[74]您最近一次的画展不如上一次出售得多。(约翰·福尔斯《法国中尉的女人》)

例句中的"懂""喜欢""出售"这些动词本身不具有程度差别,不能直接构成结果项,在加了补语和状语后才有了程度差,在语义上满足了构成比较句的基础。

韩国留学生的偏误语料中有这样的句子:

*[75]但是没有上学期那么兴趣了。

"兴趣"本身是名词,不能充当结果项,必须构成动宾短语才能充当比较项,正确的表达是"但是没有上学期那么感兴趣/有兴趣了"。

4.1.1.3 比较句中的副词

在这几类比较句中都可以加入副词,特别是结果项由动词或动词性结构充当时,要求动词前必须有程度副词表示程度的变化,"提高"类动词可以不加程度副词,但是此时动词后必须加"了"表示变化,这些都是比较句语义的要求对句法的影响。

比较句中的副词有两个可以出现的位置,分别位于比较标记的前后:

A(副词)没有(副词)B + X

A(副词)不比(副词)B + X

A(副词)不如(副词)B + X

[76]态度并没有比平时慌张。(萧红《鲁迅先生记》)

[77]他并没有比那些曾经跟我睡过觉的笨蛋更坏。(多丽丝·莱辛《金色笔记》)

[78]我们并不比他们强。(奥尔罕·帕慕克《新生活》)

[79]我们丝毫不比他们逊色。(蒙田《蒙田随笔全集》)

[80]他的朋友的处境的确也不比他强多少。(路遥《平凡的世界》)

[81]外国的宫殿常不如中国的宏丽。(朱自清《欧游杂记》)

[82]二太太的日子也渐渐不如从前。(张洁《无字》)

[83]记性大不如从前。(刘震云《一句顶一万句》)

由于副词出现在否定比较句中的位置一致,所以我们把副词可以出现在否定比较标记前后的位置分别标记为"前位"和"后位"。

第一,出现在"前位"的副词。三类否定比较句的前位都可以加副词,如:

[84]态度并没有比平日慌张。(萧红《鲁迅先生记》)

[85]而且脚步还没有比尔·格雷西欢快的蹒跚轻松。(伊迪丝·华顿《火花》)

[86]我绝对/完全没有他那么高。

[87]他的职业,并不如他所描绘的那样忙。(谭恩美《喜福会》)

[88] 敌人进攻的势头大大不如以前。(魏巍《东方》)
[89] 没有子弹,枪还不如一根烧火棍呢! (李国文《冬天里的春天》)
[90] 其余的地方并不比公社所在的镇子强。(刘心武《钟鼓楼》)
[91] 现在的江海可不比背石头当普工的那个时期了。(李国文《冬天里的春天》)

但是出现在前位的副词并不是完全一致的,并不能全部互换,如:

[92] a. 没有子弹,枪还不如一根烧火棍呢! (李国文《冬天里的春天》)
*[92] b. 没有子弹,枪还不比一根烧火棍呢!
[93] a. 敌人进攻的势头大大不如以前。(魏巍《东方》)
*[93] b. 敌人进攻的势头大大不比/没有比以前。

除此以外,副词进入否定比较句中的前位时,不同的否定比较句中副词出现的频率也不同。具体来说,在 BCC 文学语料库中,比较句数量"不如"比较句＞"不比"比较句＞"没有"比较句,所以相应地,出现前位副词的比较句数量也是"不如"比较句＞"不比"比较句＞"没有"比较句。

第二,出现在"后位"的副词。出现在后位的副词只能是程度副词,因为是出现在结果项,程度副词在动词性结构、形容词性结构前表示程度,如:

[94] 我的生活没有比以前更好。
[95] 她的笑,说实话,并不比哭更体面一些。(老舍《正红旗下》)
[96] 活下去并不比死更轻松。(李国文《桐花季节》)

"不比"和"没有"比较句的后位可以出现程度副词,但"不如"比较句的后位不能出现程度副词,但是我们在语料库中能看到这样一类句子,如:

[97] 不如做些更重要的事。(乔治·桑《莫普拉》)
[98] 不如两个人在北京住的好,事事可以自由。(张恨水《春明外史》)
[99] 下雨了,我们不如明天再去吧。

句中虽然有"不如",但并不属于"不如"比较句,表示的是在多种选择中,这是一种更好的选择,而"不如"比较句中不能出现"后位"副词。

在韩国留学生的比较句偏误语料中,有如下情形出现:

*[100] 我觉得吃绿色食品不如解决饥饿问题更重要。

这就是受到否定比较句中"没有"和"不比"比较句可以出现"后位"副词这种句法规则的影响,并且"不如"比较句的其他句型中,"不如"后的成分中可以加程度副词,这些规则的影响造成了这种偏误。

能够出现在"后位"的程度副词有:更、还、更加、更为、越发,而在前文讨论中涉及的程度副词"很""非常""特别""十分""最"等不能出现在肯定比较句的结果项这一句法规则,在否定比较句中同样成立,如:

*[101]她的笑,说实话,并不比哭特别体面一些。

*[102]活下去并不比死很轻松。

*[103]不如做些非常重要的事。

4.1.2 各否定比较句的语义特征分析

"不如"比较句、"不比"比较句和"没有"比较句,虽然三者都是比较句的否定形式,但是它们在语义表达上都有各自的倾向性。"不比"的释义是:比不上,不同于;"没有"涉及比较的释义是:不如、不及。具体的讨论分析如下。

4.1.2.1 "不如"比较句的语义分析

第一,在"不如"比较句中,"不如"是动词,在《现代汉语词典》中,"不如"[3]的释义为:表示前面提到的人或事物比不上后面所说的,"A 不如 B(X)"的语义是"B 比 A 好",B 相较于 A 是更优的,这也解释了为什么"不如"比较句的结果项是形容词或形容词性短语时,倾向于使用表示积极义的形容词,这种语义选择上的倾向性在数量上占有绝对优势。

因此在"A 不如 B(X)"结构中,"X"倾向于选择积极义的比较结果项,如:

[104]你的主意不如我的好。(老舍《荷珠配》)

甚至这种"积极义"仅仅是作者主观上认为的"积极",如:

[105]灵芝想要是向他实说了,他一定还要问长问短,不如含糊一点,便告他说是团的会。(赵树理《三里湾》)

[106]他们对于"科学游戏"的兴味,远不如听戏游玩。(冰心《冰心全集(第一卷)》)

例句中的"含糊一点""听戏游玩"在一般的认知中都是"消极"的,但是由于作者的表达中这些事相对"积极"或当事人认为这是"积极"的,句中就使

---

[3] 中国社会科学院语言研究所词典编辑室编《现代汉语词典》(第6版),商务印书馆,2012,第110页。

用了"不如"。

同时也要注意,"不如"的用法较多,并非只能出现在否定比较句中,如前所述,"不如"可表示众多选择中的最优选择,但是这一选择往往是不得已而为之,并不是优中选优,如:

　　[107]我想还不如做个营长、旅长更好。(许地山《在费总理的客厅里》)
　　[108]当女招待还不如做侍女。(卡夫卡《城堡》)

为了加强这种不得已的选择的语气,"不如"前常常使用"还"来加强这一语义。固定结构"与其……不如……"表达的也是同样的语义。

除此以外,"不如"还能组成"A连B都不如""什么也/都不如B",这两种固定结构都只能用"不如",不能使用"不比"和"没有",如:

　　[109]连父亲都很赏识,我们都不如她。(张恨水《金粉世家》)
　　[110]干什么都不如种地！(李準《黄河东流去》)

对"不如"和"不比"比较句的语义分析,可以解释从句法分析的角度无法解释的偏误,如:

　　*[111]每个人都知道噪声不比自然之声。
　　*[112]我们生活当中应该考虑不比我们生活水平还好的人的处境。

从常识上分析,自然之声比噪声悦耳,两者进行比较,不使用结果项,本身也具备完备的语义,符合"不如"比较句的语义要求,如果使用"不比",在语义上不具有自足性,必须出现结果项,如"每个人都知道噪声不比自然之声悦耳";"生活水平好"是一种"积极义"结果项,因此句中应使用"不如"。

4.1.2.2 "不比"比较句的语义分析

"不比"[4]在《现代汉语词典》中的释义是:比不上;不同于。从词义的角度看,"不比"的意义与"不如"相差不大,但"A 不比 B(X)"比较句的语义有两层含义:一是"A 不如/没有 B(X)",二是"A 跟 B 一样"。这也是"不比"比较句与"不如"和"没有"比较句最大的区别,即"不比"比较句既可以表示差比语义,也可以表示等比语义。在表示差比语义时,可以有条件地与"不如"比较句互相转换;在表示等比语义时,可以与"跟……一样"等比比较句互相转

---

[4] 中国社会科学院语言研究所词典编辑室编《现代汉语词典》(第6版),商务印书馆,2012,第105页。

换,如:

[113]读的书也不比一些人少。(张洁《无字》)

从语义上分析,这句的含义有两层:一是"读的书比一些人多",二是"读的书跟一些人一样"。这个句子中"不"否定的是"比一些人少",所以语义具有这两层含义。再如:

[114]速度不比马快。(莫言《十三步》)

该句的语义一是"速度不如/没有马快",二是"速度跟马一样快"。"不"否定的是"比马快"。

在使用"不比"比较句的语境中,通常作者有明确的语义表达,即表示"A不如/没有B(X),但差别不大"或"A跟B一样",如:

[115]不比平常丑,也不比平常不丑。(萨缪尔·贝克特《等待戈多》)

[116]他们的食物就算不比琼斯时代多,起码也不比当时少。(乔治·奥威尔《动物农场》)

[117]我的脉搏既不比平时快也不比平时慢。(大仲马《基督山伯爵》)

[118]现在他不比当时有钱,却也不比当时穷。(温赛特《克丽丝汀的一生(下)》)

[119]他们议论的方式是这样的:我什么也不确定;这个并不比那个更实在,也没有一个比另一个更实在。(蒙田《蒙田随笔全集》)

这几个例句语义都是两个比较项之间是一样的,在这一类表达中,经常使用对举的格式"A不比B+X,A也不比B+Y",而"X"和"Y"的语义是相反的,如例[115]的"丑""不丑",例[116]的"多"和"少",例[117]的"快""慢",例[118]的"有钱"和"穷",这样的表达形式使"不比"句的语义明确为"A跟B一样"。

除了这种形式,"不比"比较句在比较后项的"X"使用"形容词+多少"来表达"A跟B差不多"的语义,如:

[120]现在,虽然是奔五十的人了,我的精神气力并不比那个年轻小伙子差多少。生让我闲着,我怎么受呢?(老舍《火车集》)

[121]人们在娱乐方面变得非常容易满足,现在的戏剧电影也并不比这个好看多少。(张爱玲《赤地之恋》)

[122]新月的心情也并不平静,她感到自己肩头的压力也不比罗秀竹轻松多少。(霍达《穆斯林的葬礼》)

在所有的否定比较句结构中,只有"不比"比较句的比较项可以使用"形容词+多少"来表达两个比较项之间差别不大,而在"不如"和"没有"比较句中,需要表示的是明确的"差比"语义,因此不能用"形容词+多少"充当结果项,这也是汉语句法与语义之间相互影响、相互制约的表现。

除了这样在结构上有明确标记来判断"不比"比较句明确的语义之外,还可以根据它所在的上下文语境来判断"不比"比较句的明确语义,如:

[123]在那个严重匮乏生活情趣的年头里,她们只需小小一点材料,便可使之焕发出光彩。她们一点不比那些反潮流的英雄们差劲,并且她们还是说的少,做的多,身体力行,传播着实事求是的人生意义和热情。(王安忆《长恨歌》)

[124]事情到了这一步,就只得照这一步说,早点梦醒未必是坏事,趁了还有几年青春,再开个头。不过,这开头到底不比那开头了,什么都是经过一遍,留下了痕迹,怎么打散了重来,终究是个继续。(王安忆《长恨歌》)

[125]这时,嘉莉想起,现在她已经不比这个女人差了——也许还要好一些。(西奥多·德莱塞《嘉莉妹妹》)

[126]他不但成了一个优秀的司机,而且有了一种发现:"汽油味是最好闻的味道,你闻一闻,不比骆驼牌香烟差!"(刘白羽《第二个太阳》)

根据上下文语境,例[123]表达的语义是"她们比那些反潮流的英雄们好",在"不比"比较句之前有"她们只需小小一点材料,便可使之焕发出光彩",在"不比"比较句之后有"她们还是说的少,做的多,身体力行,传播着实事求是的人生意义和热情",这些内容都明确了"她们"的优秀,也明确了"她们比那些反潮流的英雄们好"的语义。

例[124]根据原文的上下文语境,语义是离婚之后重新开始下一段婚姻,则"这开头不如那开头",因为"什么都是经过一遍,留下了痕迹,怎么打散了重来,终究是个继续"。

例[125]在"不比"比较句后进行了解释说明"也许还要好一些",这个解释说明明确了"不比"比较句的语义为"现在她已经比这个女人好了"。

例［126］"不比"比较句的明确的语义说明在"不比"比较句之前的"汽油味是最好闻的味道"。

综上所述,"不比"比较句能够通过形式上的标记、语境中的上下文来明确表达具体的语义,这些表达的语义在明确之后都可以替换为相应的"A 不如／没有 B(X)"或"A 跟 B 一样"结构,如:

［127］我的脉搏既不比平时快也不比平时慢。(大仲马《基督山伯爵》)
＝我的脉搏跟平时一样。

［128］现在他不比当时有钱,却也不比当时穷。(温赛特《克丽丝汀的一生(下)》)
＝现在他的钱跟当时一样多。

［129］现在,虽然是奔五十的人了,我的精神气力并不比那个年轻小伙子差多少。生让我闲着,我怎么受呢?(老舍《火车集》)
＝现在,虽然是奔五十的人了,我的精神气力跟年轻小伙子一样。……

［130］人们在娱乐方面变得非常容易满足,现在的戏剧电影也并不比这个好看多少。(张爱玲《赤地之恋》)
＝人们在娱乐方面变得非常容易满足,现在的戏剧电影跟以前一样。

这些例句在替换为语义相似的句法结构之后,影响的不是句法语义,而是整个语境中的表达,即作者的表达意图可能会因为句式选择的改变而发生改变,替换为"跟……一样"的结构之后,仅仅是一种对比较结果的陈述,而使用"……不比……,……也不比……"对举的结构表达"跟……一样"强调了既不"X"也不"Y"的语义,是一种超乎寻常的"一样";在比较项中使用"形容词＋多少"的结构也是同样的表达效果,强调差别没有"多少",如果替换为"跟……一样"的结构则失去了这一表达效果。

在通过语境判断"不比"比较句明确语义的情况下,"不比"比较句虽然也可替换为语义近似的结构,如:

［131］在那个严重匮乏生活情趣的年头里,她们只需小小一点材料,便可使之焕发出光彩。她们一点不比那些反潮流的英雄们差劲,并且她们还是说的少,做的多,身体力行,传播着实事求是的人生意义和热情。(王

安忆《长恨歌》)

=在那个严重匮乏生活情趣的年头里,她们只需小小一点材料,便可使之焕发出光彩。她们没有那些反潮流的英雄们差劲/她们比那些反潮流英雄好,并且她们还是说的少,做的多,身体力行,传播着实事求是的人生意义和热情。

[132]事情到了这一步,就只得照这一步说,早点梦醒未必是坏事,趁了还有几年青春,再开个头。不过,这开头到底不比那开头了,什么都是经过一遍,留下了痕迹,怎么打散了重来,终究是个继续。(王安忆《长恨歌》)

=事情到了这一步,就只得照这一步说,早点梦醒未必是坏事,趁了还有几年青春,再开个头。不过,这开头到底不如那开头了,什么都是经过一遍,留下了痕迹,怎么打散了重来,终究是个继续。

但是替换后的语义发生了比较大的变化,句子失去了"反预期"的语义。"不比"比较句在通过语境判断具体语义时,具备"反预期"义,如例[131]中,一般的认知中用"英雄"来命名的人都是常人难及的,但是"她们"的优秀比"反潮流的英雄们"还要好,因此句中用"不比",如果将"不比"句换成"她们没有那些反潮流的英雄们差劲/她们比那些反潮流英雄好"则没有"反预期"的语义,不符合作者要表达的语义;例[132]也是同样的情况,一般认为新生活的开始会比离婚之前的生活要好,但是实际的社会情况却跟预期不同,作者也在文中进行了解释,这样"反预期"的语义就很明确表达出来,替换后的句子只是对这一情况的陈述,没有表达出作者的"反预期"义。

综上所述,"不比"比较句在语义上有相应的"A 不如/没有 B(X)"或"A 跟 B 一样"语义,同时在形式上也可以进行替换,但是,"不比"比较句的"反预期"义是"不如""没有"比较句所不具备的。在表达时根据语境和作者的表达需要,"不比"比较句在表达时有其特殊的表达效果,再如:

[133]看来那人不比这里的造反派对他了解得少,杭汉的心一下子就放宽了。(王旭烽《茶人三部曲》)

这个例句具有"不比"比较句"反预期"语义表达的典型性,正因为"那人比这里的造反派对他的了解还多",正因为这一发现超出了他的预期,所以"杭汉的心一下子就放宽了"。

4.1.2.3 "没有"比较句的语义分析

"A 没有 B(X)"的语义是以 B 为参照项时,A 达不到 B 的 X。

[134]"我家两个瘪三,比他大,还没他机灵哩!"(张爱玲《桂花蒸 阿小悲秋》)

[135]但我们的本事却没有他们大。(蒙田《蒙田随笔全集》)

[136]火车票没有他们想象的那么贵。(迟子建《亲亲土豆》)

例[134]的语义是"我家的两个没有他机灵",即"我家的两个"达不到"他"那么"机灵";例[135]的语义是"我们的本事"没有"他们"大;例[136]的语义是"火车票的价格"没有"他们想象中的火车票中的价格""那么贵"。这一句式相对于"不如"和"不比"否定比较句表达更加客观,"X"没有明显的语义倾向,积极义、消极义、中性义均可,例[134]、例[135]中都是积极义的"X",例[136]中是消极义的"X"。

4.2 比较句结果项中的"更"和"还"考察分析

比较句结果项中能够出现的程度副词只能是"更、更加、更为、还"之类,如:

[137]因为她比丈夫更浮浅更糊涂。(老舍《四世同堂》)

[138]所拿薪水也比两个教员还多。(汪曾祺《星期天》)

[139]他的苦恼也当然要比一般农民更为深刻。(路遥《平凡的世界》)

并且有时"更"与"还"可以互换,语义差别不明显,如:

[140]今天比昨天更热。≈今天比昨天还热。

[141]他比我更有信心。≈他比我还有信心。

[142]这个比那个更重一些。≈这个比那个还重一些。

但是也有"更"与"还"不能互换的情况,如:

[143]长得非常之高,五六尺高,和玉蜀黍差不多一般高,比人还高了一点,红辣辣地开满了一片。(萧红《后花园》)

≠*长得非常之高,五六尺高,和玉蜀黍差不多一般高,比人更高了一点,红辣辣地开满了一片。

［144］收入减少到无可再少的地步,比上星期还少十元。(伯纳德·马拉默德《伙计》)

≠*收入减少到无可再少的地步,比上星期更少十元。

［145］那位瘦弱小姑娘眼睛瞪得比乒乓球还圆。(莫言《十三步》)

≠*那位瘦弱小姑娘眼睛瞪得比乒乓球更圆。

我们在"HSK 动态作文语料库"中整理出了如下语料:

*［146］[5]有些人说,流行歌曲比古典音乐还差、难听。

*［147］[6]这种生活比以前还好吗?

*［148］[7]不要怕别人比自己有还多的利益。

*［149］[8]韩国大学的中文系的学生一般比别的系学习社会主义理论的机会还多。

*［150］[9]其实有的时候想死比活还容易。

*［151］[10]各个国家会比现在还发展的。

*［152］[11]法务部要制定比以前的法律还严格的法律。

*［153］[12]不吸烟的人比吸烟的人还要高。

这些语料如果仅从句法分析的角度不能作出全部解释,必须从句法、语义等多角度进行分析。这些偏误我们将在详细讨论研究比较项中的"更"与"还"之后进一步分析。

4.2.1 句法分析

从句法特征的角度来看,可以解释"更"与"还"互换的内在机制,首先"更"

---

[5] 语料原文见本书语料附录。
[6] 语料原文见本书语料附录。
[7] 语料原文见本书语料附录。
[8] 语料原文见本书语料附录。
[9] 语料原文见本书语料附录。
[10] 语料原文见本书语料附录。
[11] 语料原文见本书语料附录。
[12] 语料原文见本书语料附录。

与"还"在比较句比较项中充当的是表示程度的成分,其次它们所在的比较句句法结构大部分是相同的,极少情况不同,以下作具体分析。

4.2.1.1　A 比 B + 更／还 + 形容词性成分

这类结构在"更""还"出现的比较项中数量是最多的。

［154］天气比上午更热、更湿。(王小波《青铜时代》)

［155］吃饭比上课更重要。(杨绛《我们仨》)

［156］她比亲生的女儿待我还亲,每天不看我一眼就不放心。(刘白羽《第二个太阳》)

［157］复杂的气流逼得它们有时飞得比乌鸦还要低。(莫言《丰乳肥臀》)

例句中"更""还"之后的"热""湿""重要""亲""低"都是形容词,且单个形容词只能是性质形容词,状态形容词不能进入该结构。

但有一类特殊的情况,只能用"还",不能用"更",如:

［158］那位瘦弱小姑娘眼睛瞪得比乒乓球还圆。(莫言《十三步》)

　　　≠ *那位瘦弱小姑娘眼睛瞪得比乒乓球更圆。

［159］他跑得比兔子还快。

　　　≠ *他跑得比兔子更快。

［160］老师的眼睛比探照灯还厉害。

　　　≠ *老师的眼睛比探照灯更厉害。

这一类比较句都比较特殊,从比较项的角度分析,作为参照的比较项并不是实物,仅仅是作为参照物出现,两个比较项并不是真的在进行比较,语义上倾向于借比较后项说明比较前项的基本情况,甚至带有夸张的语气。这一类比较句的比较后项不能用"更"表示程度,只能用"还"。

4.2.1.2　A 比 B + 更／还 + 动词性成分

［161］舅舅是中国通,比上帝都更了解中国人。(老舍《正红旗下》)

［162］它们对她的了解比人们对她的了解还深。(冰心《冰心全集(第四卷)》)

［163］四景园的生意,有时候比三雅园还要热闹。(郁达夫《远一程,

再远一程!》)

[164]因为他比上午还要饿。(卡夫卡《变形记》)

[165]狗比人更让侦察员胆寒。(莫言《酒国》)

例句中"更""还"之后的"了解""要""让……"都是动词及动词性成分,需要注意的是"提高"类动词,如:

[166]a.今年的产量比去年增加得更／还多。

*[166]b.今年的产量比去年更／还增加。 *今年的产量比去年更／还增加了。

[167]a.我的成绩比他的成绩提高得更／还多。

*[167]b.我的成绩比他的成绩更／还提高。 *我的成绩比他的成绩得更／还提高了。

这一类动词在结果项出现时,"更""还"作为程度副词只能作为补语出现。

4.2.1.3　A比B＋更／还＋X＋数量成分

"更"和"还"都可以在结果项充当表示程度的成分用在"X"的数量补语前,如:

[168]a.收入减少到无可再少的地步,比上星期还少十元。(伯纳德·马拉默德《伙计》)

[169]a.长得非常之高,五六尺高,和玉蜀黍差不多一般高,比人还高了一点,红辣辣地开满了一片。(萧红《后花园》)

[170]a.钱比人更厉害一些,人若是兽,钱就是兽的胆子。(老舍《樱海集》)

这些例句中的"更"与"还"并不都能互换,将例句中的"更"和"还"替换后,得到以下例句:

*[168]b.收入减少到无可再少的地步,比上星期更少十元。

*[169]b.长得非常之高,五六尺高,和玉蜀黍差不多一般高,比人更高了一点,红辣辣地开满了一片。

[170]b.钱比人还厉害一些,人若是兽,钱就是兽的胆子。

当比较句结果项的数量补语是精确数量时,只能用"还",如例[168]中的"十元"是精确数量,所以只能用"还",不能用"更";例[169]只能用"还"是受到我们在"A 比 B ＋更／还＋形容词性成分"结构中讨论的句法规则的制约，即比较项的参照物不是实物，只是作为比较参照来进行说明；当比较句结果项的数量补语是模糊数量时，"更"和"还"都可以进入。

4.2.1.4 A 比 B ＋还＋更＋副词＋X

在比较句中的副词还可以是"还"和"更"连用，如：

[171]a. 林比他还更主动。（高行健《一个人的圣经》）

[172]a. 那所得的愉快将比这书能为书局印行还更值得欣庆。（沈从文《老实人》）

[173]a. 他每一次看见那一对比嘴还更会讲话的眼睛。（巴金《家》）

这种"还"和"更"的连用起到了加强程度义以及预期义的作用，具体的语义分析将在下文中进行详细讨论分析，这些例句中单独使用"还"和"更"也受到之前分析过的句法规则的制约，如：

[171]b. 林比他还主动。

[171]c. 林比他更主动。

[172]b. 那所得的愉快将比这书能为书局印行还值得欣庆。

[172]c. 那所得的愉快将比这书能为书局印行更值得欣庆。

[173]b. 他每一次看见那一对比嘴还会讲话的眼睛。

*[173]c. 他每一次看见那一对比嘴更会讲话的眼睛。

但是"A 比 B ＋更＋还＋副词＋X"结构不能成立，如：

*[171]d. 林比他更还主动。

*[172]d. 那所得的愉快将比这书能为书局印行更还值得欣庆。

*[173]d. 他每一次看见那一对比嘴更还会讲话的眼睛。

这是因为"更"表示的是程度义，"还"表示的是预期义，表示程度义的"更"必须直接用在"X"之前，用在"更＋X"之前的"还"表示的是对"更＋X"的预期义。

4.2.1.5 A 比 B ＋更／还＋否定＋X

这个否定"不"和"没"均可，如：

[174]一个文明的灭绝是比一个人的死亡更不自觉的。（老舍《猫城

记》）

［175］可你比生番更没有人性。（莎士比亚《亨利六世》）

［176］他比恩娘说得更没用场。（严歌苓《陆犯焉识》）

［177］甚至比他兄弟还不会拐弯。（李国文《冬天里的春天》）

［178］你比他还没水平。

［179］他比女生还没胆量。

"更"和"还"加深的是"否定＋X"结构的程度，"还"与"更"的连用也可以出现在这一结构中，如：

［180］他知道赖秀英这样的人决不能得罪，但是上司太太还更不能得罪。（张爱玲《赤地之恋》）

4.2.2 语义分析

比较句结果项中的副词"更""还"在一定条件下可以互换，这既有句法方面的原因，也有语义方面的支持，"更"和"还"都可以表示程度加深的语义，但二者的语义也有很大的不同，所以很多比较句中的"更"和"还"不能互换。或者即使可以互换，替换之后语义上也有一定的差别，在一定的语境下用"更"或者"还"更符合作者需要表达的语义，从句法上虽然替换合法，但从语义、篇章的角度考虑却不能随意替换。下面针对"更"和"还"在比较句中的不同语义特征进行讨论分析。

4.2.2.1 程度增高义

吕叔湘的《现代汉语八百词》中对比较句中的"更"的释义是"副词，表示程度增高。用于比较。多数含有原来也有一定程度的意思"[13]，对比较句中的"还"的释义是"副词，表示程度差别；更加。用于比较句"[14]，由此可见比较句中的"更"与"还"都有表示程度增高的语义，这也是比较句中"更"与"还"可以互换的语义基础。

［181］城里人比乡下人更喜欢扎堆儿看热闹。（贾平凹《高兴》）

---

[13] 吕叔湘：《现代汉语八百词》（增订本），商务印书馆，1999，第231–232页。
[14] 同[13]，第252–254页。

[182]他比五富更差劲！（贾平凹《高兴》）

[183]她比亲生的女儿待我还亲，每天不看我一眼就不放心。（刘白羽《第二个太阳》）

[184]亚力山大说话的声音比乔治唱的还高还足。（老舍《二马》）

例[181]要表达的语义是，"乡下人喜欢扎堆儿看热闹"，"城里人喜欢扎堆儿看热闹"，经过比较，"城里人"与"乡下人""喜欢扎堆儿看热闹"的程度有差别，"城里人喜欢扎堆儿看热闹"的程度比"乡下人喜欢扎堆儿看热闹"的程度深；例[182]要表达的语义是，"五富差劲"，"他差劲"，经过比较，"他"跟"五富""差劲"的程度有差别，"他差劲"的程度比"五富差劲"的程度要深；例[183]要表达的语义是，"亲生的女儿待我亲"，"她待我亲"，但是"亲"的程度有差别，"她待我亲"比"亲生的女儿待我亲"程度深，此时可以用"还"，也可以用"更"；例[184]要表达的语义是，"乔治唱的声音又高又足"，"亚历山大说话的声音又高又足"，但是他们的声音"高"和"足"的程度有差别，"亚历山大说话的声音"比"乔治唱歌的声音""高"和"足"的程度有所增加，单看这个例句此时既可用"还"，也可用"还"，语义上有差别。

4.2.2.2 预设义

如前所述，所有在比较句结果项出现"更"和"还"的句子都有"程度增加"的语义，"程度增加"义的前提是已经具有一定的程度，才能体现出这种"增加"，我们仍然根据前文的例句来讨论，如：

[181]城里人比乡下人更喜欢扎堆儿看热闹。（贾平凹《高兴》）

[182]他比五富更差劲！（贾平凹《高兴》）

[183]她比亲生的女儿待我还亲，每天不看我一眼就不放心。（刘白羽《第二个太阳》）

[184]亚力山大说话的声音比乔治唱的还高还足。（老舍《二马》）

根据前述讨论，我们可以发现例句中都含有预设义，例[181]的预设义是"乡下人喜欢扎堆儿看热闹"，例[182]的预设义是"五富差劲"，例[183]的预设义是"亲生的女儿待我亲"，例[184]的预设义是"乔治唱的声音又高又足"。

如果句中没有"更""还"，则不会具有这样的隐含语义，如：

[181]城里人比乡下人更喜欢扎堆儿看热闹。（贾平凹《高兴》）

＝城里人比乡下人喜欢扎堆儿看热闹。

［182］他比五富更差劲！（贾平凹《高兴》）

＝他比五富差劲！

［183］她比亲生的女儿待我还亲，每天不看我一眼就不放心。（刘白羽《第二个太阳》）

＝她比亲生的女儿待我亲，每天不看我一眼就不放心。

［184］亚力山大说话的声音比乔治唱的还高还足。（老舍《二马》）

＝亚力山大说话的声音比乔治唱的高、足。

例［181］仅表达出了"城里人喜欢扎堆儿看热闹"的语义，至于"乡下人"是不是"喜欢扎堆儿看热闹"，句中表达的语义是不明确的，如果"乡下人不喜欢扎堆儿看热闹"，该句可以成立，如果"乡下人喜欢扎堆儿看热闹，但喜欢程度不如城里人"，该句仍然可以成立，即从"城里人比乡下人喜欢扎堆儿看热闹"这句表达的语义可能会有上述两种现实基础，语境中如果需要明确是哪种现实基础构成了这一比较句的语义表达基础，可以通过语境、会话人进一步追问等来进行明确；例［182］也是同样的情况，从语义上无法明确"五富是否差劲"，但是加了"更"之后，语义有了明确的指向性，"五富差劲"，这就是"更"在比较句结果项中承担的预设义功能；例［183］从语义上不能明确"亲生的女儿待我亲还是不亲"，只能明确"她"比"亲生的女儿待我亲"，但是加了"还"之后，语义明确为"亲生的女儿待我亲"，但是"她待我更亲"；例［184］也同样，没有"更""还"的比较项只表达出了亚历山大说话声音比乔治唱歌声高、足这一客观结果，至于乔治唱歌的声音是大是小并未表达出来，有了"还"之后就能明确乔治唱歌的声音也是又高又足的。

正因为"更"与"还"出现在比较句结果项中所具有的这种预设义，即"比较后项已经具有一定程度的X"这一语义，这种预设义与"程度增加义"一起构成了"更"与"还"在比较句结果项中互换的语义基础。

值得注意的是，虽然从句法、语义上都能够满足"更"与"还"在比较句结果项中进行互换，但是互换后句子的语义仍然不可避免地发生了一定的变化，如：

［181］城里人比乡下人更喜欢扎堆儿看热闹。（贾平凹《高兴》）

＝城里人比乡下人还喜欢扎堆儿看热闹。

［182］他比五富更差劲！（贾平凹《高兴》）

＝他比五富还差劲！

［183］她比亲生的女儿待我还亲，每天不看我一眼就不放心。（刘白羽《第二个太阳》）

＝她比亲生的女儿待我更亲，每天不看我一眼就不放心。

［184］亚力山大说话的声音比乔治唱的还高还足。（老舍《二马》）

＝亚力山大说话的声音比乔治唱的更高更足。

例［181］原句表达的语义是"乡下人喜欢扎堆儿看热闹，城里人也喜欢扎堆儿看热闹，并且城里人喜欢扎堆儿看热闹的程度比乡下人深"，将句中的"更"用"还"替换后，除了有原句的语义之外，还有这一结论超出了作者或者得出这一结论之人意料的语义，即用"更"的原句更倾向于表达一种客观的结论，而用"还"包含了作者或者说话人主观上的、一种出乎意料的语义。

例［182］的原句是客观陈述"五富差劲，他也差劲，他差劲的程度比五富严重"这一结论，而原句用"还"之后，就包含了"五富差劲，他也差劲，他差劲的程度比五富严重"这一结论出乎说话人意料的语义，具有更多的主观性。

例［183］也是同样的情况，并且在句中，虽然可以将"还"替换为"更"，但是在实际的表达中用"还"比"更"更合适，因为在一般情况下，亲生的女儿会比其他人对"我"亲，但是实际上"她比亲生的女儿待我更亲"，这是出乎意料的一种情况，所以用"还"更符合原句语义。

例［184］中，在正常情况下唱歌的声音会比说话的声音大，但实际情况出乎意料所以原句用"还"比"更"更合适，如果用"更"就倾向于客观陈述结果，没有作者的主观态度。

以上是我们进一步分析"更"与"还"预设义的例句得出的初步结论，我们把这种特殊的语义表达倾向归纳为"反预期义"，下面将进行更详细的讨论分析。

4.2.2.3 反预期义

在对"更"与"还"的预设义进行讨论分析时，我们发现，它们除了都具有"比较后项已经具有一定程度的 X"这一预设义以外，"还"在比较项中还具有"反预期义"，即"比较前项比比较后项更具 X"这一结论出乎意料、超出预期，下面是更典型的例句：

　　［185］我们这里官员比老百姓还多，法律比事务还琐碎。（蒙田《蒙田随笔全集》）

　　［186］在日本保留下来的中国的旧风俗习惯比中国还多。（冰心《我自己走过的路》）

　　［187］钱，比亲爹的话还管用。（李国文《危楼记事》）

例［185］，在通常情况下，官员的数量是少于老百姓的，而法律应该是简洁明确的，所以在得出"官员比老百姓多""法律比事务琐碎"后，在结论项中加上"还"，明确表达出了说话人的主观态度，这些情况是出乎意料的、超出一般预期的；例［186］，正常情况下旧风俗是在发源地保持得更好，传播越远、传播时间越久，则旧风俗习惯保留得越不好，但是日本在保留下来的中国的旧风俗习惯比中国多，这一情况是超出正常预期的，所以在原句中用了"还"，这一表达更为准确；例［187］也是同样的情况，一般情况下亲生父母的话是最管用的，但是现在钱比亲生父亲的话管用，这是出乎意料的、超出预期的，所以作者用了"还"。

这些例句如果出现如下变化：

　　［185］我们这里官员比老百姓还多，法律比事务还琐碎。（蒙田《蒙田随笔全集》）
　　　　＝我们这里官员比老百姓更多，法律比事务更琐碎。
　　　　＝我们这里官员比老百姓多，法律比事务琐碎。
　　［186］在日本保留下来的中国的旧风俗习惯比中国还多。（冰心《我自己走过的路》）
　　　　＝在日本保留下来的中国的旧风俗习惯比中国更多。
　　　　＝在日本保留下来的中国的旧风俗习惯比中国多。
　　［187］钱，比亲爹的话还管用。（李国文《危楼记事》）
　　　　＝钱，比亲爹的话更管用。
　　　　＝钱，比亲爹的话管用。

所有的原句都有"比较前项比比较后项 X"是出乎意料的，不符合常理推断这一语义；而将"还"换成"更"以后，则有"比较前项比比较后项 X 的程度深"这一语义，但没有这一结论是预期之外的语义；而句中如果既没有"更"，也没有"还",就只是作者对一个客观事实的陈述,不带有任何主观态度。

下面的例子能更加清晰地说明这一结论:

［188］父子之间有时会出现很大的纠纷,比人们通常想象的还大。(柏拉图《柏拉图全集》)

［189］有时这代价远比他们的想象还要沉重。(张炜《你在高原》)

［190］它是上阿妈草原的藏獒,到了人家的地盘上,本来应该规规矩矩的,但它的脾气反而比人家还大,这么强梁霸道,迟早是要出事的。(杨志军《藏獒1》)

［191］善民从此也服了,月月初一跟他爹一同跪拜灶君和土地爷,甚至比他大还虔诚几分。(陈忠实《兔老汉》)

［192］这东西竟然比人还灵。(冯骥才《俗世奇人》)

［193］小家伙真聪明,学拼音竟然比一些大的学生还快。(路遥《黄叶在秋风中飘落》)

例［188］在结果项中直接用"人们通常想象的"表明了"超出预期""超出想象"的情况,如果说前述的例句勉强能将"还"替换为"更",这些例句中的"还"则不能替换为"更",否则将直接影响作者所要表达的语义;例［189］用"他们的想象"表明了"超预期""超想象"的语义,同样不能将"还"替换为"更";例［190］中直接用了表示转折的"反而",加强了与"预期"情况相反的语气,这样的句子"还"也不能替换为"更";例［191］则用了"甚至",例［192］、例［193］用了"竟然"表达"反预期义"。

综上所述,随着作者或者说话人所要表达的语义主观态度的明确,甚至表达出句外的反预期语义,"更"与"还"的替换越来越不可能实现,即使勉强替换,也会使语义发生变化,不能够完全实现作者想表达的语义。

4.2.2.4 虚比义

我们在"4.2.1.1A 比 B＋更／还＋形容词性成分"这部分中讨论了一类特殊的比较句,只能用"还",不能用"更",并作了简单的分析讨论。

这一类比较句中,只能用"还",不能用"更",句中的"还"替换为"更"之后,则语句不能成立,如:

［194］a."啊！啊！"比乌鸦的声音还大。(张炜《你在高原》)

*[194]b. "啊！啊！"比乌鸦的声音更大。

[195]a. 一个驴在十天之内倒了四个主,比人民币流通得还快！（赵树理《三里湾》）

*[195]b. 一个驴在十天之内倒了四个主,比人民币流通得更快！

[196]a. 只有爱恋才具有这种返老还童的功效,比人参还美。（毕淑敏《米年型电话键》）

*[196]b. 只有爱恋才具有这种返老还童的功效,比人参更美。

[197]a. 咪咪父亲这句话砸在子烨脸上,比一口唾沫还臭,比一块砖头还重。（严歌苓《陆犯焉识》）

*[197]b. 咪咪父亲这句话砸在子烨脸上,比一口唾沫更臭,比一块砖头更重。

例[194]的语义是描写对象的声音比乌鸦的声音大,同时这样的情形是出乎意料的,而描写对象的声音并不是真的跟乌鸦的声音比较大小,这种比较不是实实在在的比较,比较后项只是用来说明比较前项的"X"的程度参照,比较后项往往是"虚"的,并不在当下的比较中实际存在,甚至只存在于人们的想象和意识中,不能够真正意义上去比较,这样的比较句都不能用"更",这既与"还"具有"反预期义""虚比义"有关,也与"更"在比较后项中更倾向于表示客观的比较结果有关,对主观意识强烈、含有虚比义的比较句,"更"则不能出现。

例[195]中的比较后项是"人民币的流通速度",这个速度并不能计量,只能存在于人们的感知中,比较后项只是用来说明比较前项变化的参照,这也是一种虚比,同样不能使用"更"。

例[196]中两个比较项都无法计量,"爱恋具有的返老还童的功效"和"人参具有的返老还童的功效"都是人们的一种心理感知,完全是主观的一种感受,这种虚比只能用"还"。

例[197]比较前项是"咪咪父亲砸在子烨脸上的话",比较后项是"一口唾沫""一块砖头",这也不是实实在在的比较,而是一种主观感受的比较,是一种虚比,没有办法用具体的大小、多少、强弱来衡量,因此只能用"还",不能替换为"更"。

综上所述,比较句结果项中的"更"和"还"在句法和语义上既有相同之处,也有很多不同之处,既有可以互换的句法、语义基础,也有相互区别的句法、语义特征。

根据我们讨论分析得出的结论,能够解释我们在本文4.2中涉及的韩国留学生的偏误。

*[146]有些人说,流行歌曲比古典音乐还差、难听。

这句偏误的预设语义是"古典音乐差",这明显与人们的认知区别很大,替换为"更",则这一预设义仍然存在,所以这句的正确表达应该是去掉"还",即"有些人说,流行歌曲比古典音乐差、难听",这样的修改不带有预设义,只是客观描述流行歌曲比古典音乐差,这样既符合韩国留学生在原文中要表达的语义,也符合人们一般的认知。

*[147]这种生活比以前还好吗?

*[148]不要怕别人比自己有还多的利益。

*[149]韩国大学的中文系的学生一般比别的系学习社会主义理论的机会还多。

偏误原句具有"反预期义":"韩国大学中文系比一般的系学习社会主义理论的机会多"这样的结论出乎意料,但是从韩国留学生原文的语义来看,学生要表达的是"韩国大学中文系学生比一般的系学习社会主义理论的机会多"这一客观结论,因此改正的方法可以是直接去掉"还",或将"还"改为"更"。

*[151]各个国家会比现在还发展的。

*[152]法务部要制定比以前的法律还严格的法律。

偏误原句用了"还"之后,就具有了"现在的法律比以前的法律严格"这种出乎意料的"反预期义",这与韩国留学生在原文中要表达的语义相悖,正确的表达是"法务部要制定比以前的法律更严格的法律"。

*[153]不吸烟的人比吸烟的人还要高。

偏误原句因为使用了"还"就具有了"不吸烟的人比吸烟的人要高(多)"的出人意料的语义,这与客观事实相悖,正确的表达应用"更"。

4.3 其他影响韩国留学生比较句习得的语内迁移

在第二章中,基于"HSK动态作文语料库",对韩国留学生习得比较句的偏误进行了穷尽式的考察和分析,在不考虑学生年龄、性格、学习态度、学习策略等主观因素的基础上,我们可以将韩国留学生习得汉语比较句的偏误分为三大类:一是受母语影响造成的偏误,即由语际负迁移造成的偏误;二是受汉语内部学过的句法、语义等规则的影响造成的偏误,即由语内负迁移造成的偏误;三是学生偶发性的错句,这一类的错句出现具有偶发性,没有语言内部规律可循,不能归为偏误。

而在第二类偏误中,有两种情况:一是由汉语比较句的句法、语义等结构习得造成的偏误,二是由汉语其他语法项习得造成的偏误。

在本章的 4.1 和 4.2 中我们分析了韩国留学生由于汉语比较句本身的句法、语义习得造成偏误的成因,除了这些,还有因为汉语其他语法项目的习得造成的偏误,偏误成因也是多样的,与比较句本身的句法、语义无关。

4.3.1 "是……的"表强调句式方面的偏误

*[198] 在旁边呼吸的人比吸烟的人更危险的。
　　　在旁边呼吸的人是比吸烟的人更危险的。
*[199] 我听说间接吸烟的影响比直接吸烟的影响更厉害的。
　　　我听说间接吸烟的影响是比直接吸烟的影响更厉害的。

这一类偏误的表现是,句中出现"的",但是缺少"是……的"结构中对应的"是",这是汉语"是……的"强调句句式习得方面的偏误。

4.3.2 补语方面的偏误

*[200] 这个学期比第一个学期学习得还行。
　　　这个学期比第一个学期学习得轻松。
*[201] 要说学习汉语的苦与乐,其实乐比苦多得还多。
　　　要说学习汉语的苦与乐,其实乐比苦多得多。

例[200]中的补语"还行"一般用在口语会话中,用于"……怎么样?"问题的回答,不能充当补语,根据学生作文的上下文语境进行修改;例[201]中的"多得还多"这个补语形式在汉语中不合法,涉及这一补语的句法结构是"形容词+得+多",因此进行这样的修改。

而同样是补语的偏误,有些偏误却涉及汉语比较句本身的句法结构,不仅仅是补语方面的偏误,如:

*[202]反正对我来说学习汉语的乐比苦得多。
　　　　反正对我来说学习汉语的乐比苦多得多。

该句的比较项是"乐""苦",结果项不能是"得多",结果项在这句必须用形容词充当,根据学生作文的上下文语境进行修改,这一偏误的形成从句法构成上看,是补语方面的偏误,但是偏误的成因是比较句结果项的句法结构习得方面的问题。

4.3.3　一般陈述句方面的偏误

汉语一般陈述句表达时不用"是",只有在表示判断的陈述句中用"是",表示判断的陈述句都有对应的"……不是……"结构,据此能够判断一般陈述句与带"是"的陈述句,韩国留学生在比较句中常常用"是",因而造成偏误,如:

*[203]所以绿色食品是比普通食品价格贵得多。
　　　　所以绿色食品比普通食品价格贵得多。
*[204]我认为解决饥饿是比吃绿色食品更重要。
　　　　我认为解决饥饿比吃绿色食品更重要。

这是由于韩国留学生没有掌握好汉语判断句和一般陈述句的区别,并且受到母语的影响,是受到语际负迁移和语内负迁移的双重影响。

4.4　小结

第一,汉语否定比较句"不如""不比"和"没有"之间既有区别又有联系,是韩国留学生学习汉语比较句的难点。这三类否定比较句在教学中必须区分它们之间的句法、语义特征,既能加深学生对比较句的理解,也能有效减少偏误的发生。

第二,汉语比较句中能够使用的副词是有限的,尤其是"更"与"还"在比较句结果项中经常出现,造成的偏误也很多,二者在比较句中的句法、语义既有相同之处，也有不同之处。在对韩国留学生的教学中，必须把二者能否互换，互换后的区别这些内容融入进去。

  第三，韩国留学生由于语内负迁移导致的偏误中，要区分偏误的成因，针对偏误的成因分析偏误，特别是同一类型偏误中，偏误的成因可能是不同的。进行偏误句子与正确句子之间的对比，可以使学生掌握是比较句中的哪个句法成分出错，而进一步分析偏误的成因，可以使学生在一定程度上减少这一类偏误的发生。

第五章
韩国留学生汉语比较句的教学

在第二语言教学中,教师和学生依托教材在课堂中进行第二语言教学和学习是最常见的模式,因此教材和课堂教学的各个环节都是影响第二语言学习的重要因素。

"在第二语言教学中教材起着纽带的重要作用。教材体现了语言教学最根本的两个方面:教什么和如何教。"[1]教材的内容在很大程度上决定了教师教给学生什么样的语法项目,决定了语法项目出现的顺序,教材中会对语法点进行讲解,教材中还有针对语法点的练习,这些都会影响教师的教学和学生的学习,这也说明了教材在第二语言教学中的重要性。"在第二语言教学中,课堂教学是帮助学生学习和掌握目的语的主要场所"[2],"实施教学计划,贯彻教学原则,运用教学方法,完成课程教学并实现教学目标,都主要是靠课堂教学"[3],教师如何针对不同的语法项目安排教学内容,采取什么样的教学方法、如何安排教学环节都会影响学生的学习效果。

由此可见,无论是教材还是教法都会极大影响第二语言的教学和学习,韩国留学生学习汉语同样要遵循第二语言教与学的规律,汉语教材和教师的教法都会对韩国留学生学习汉语产生重大的影响。除此以外,韩语和汉语对韩国留学生习得汉语也同样具有很大影响,而母语、目的语、教材和教法这些因素都是影响语言学习的客观因素,它们之间既互相独立,分别对语言学习产生影响,又

---

[1] 刘珣:《对外汉语教育学引论》,北京语言文化大学出版社,2000,第312页。
[2] 陈昌来:《对外汉语教学概论》,复旦大学出版社,2005,第94页。
[3] 刘珣:《对外汉语教育学引论》,北京语言文化大学出版社,2000,第340页。

相互影响。母语和目的语对第二语言习得影响的研究成果如何更好地体现在教材中,教师如何利用这些研究成果组织教学环节、完善具体的教学方法,都是值得研究的课题。具体到韩国留学生习得汉语,就是如何把韩语和汉语对韩国留学生习得汉语影响的研究结论运用到教材编写以及教学的各环节中去,这是把研究和教学实践紧密结合的过程,既能让研究成果指导教学实践,教学实践也可以检验研究成果,通过教学反馈还可以促进研究的进一步深入。

本章在这一研究逻辑的框架下,将前几章分析讨论的结果用于检视教材中对比较句这一语法项目的处理,同时对汉语比较句教学环节和具体教法提出可行性的建议,从教材和教法两个方面对韩国留学生习得汉语比较句进行教学实践方面的研究。

5.1 완전 성공 중국어[4]与《汉语教程》韩国版[5]、中国版[6]中的比较句

韩国留学生在学习汉语时可能接触到三种类型的汉语教材:韩国本土由韩国人编写的汉语教材,韩国本土引进的中国人编写的汉语教材,以及中国人编写在中国出版的汉语教材,这三类教材各有特点,但都需要编写课文、编排语法点、讲练语法点等,针对比较句这一语法项目,这三类教材的处理也各有不同,分析它们在编排处理比较句语法点的异同,可以更好地分析各类汉语教材如何把韩国留学生学习汉语的客观规律应用到教材的编写中去,特别是韩语和汉语对韩国留学生学习比较句产生的语际和语内的正负迁移的客观规律,这是除了学习者的学习方法、学习态度、年龄、动机等主观因素以外,在第二语言习得过程中影响学习的客观规律,如何将这些客观规律运用好,尽量提高教学和学习的效率是值得进行深入研究的。

在分析的教材方面我们选择了韩国人编写的 완전 성공 중국어,共 4 册;

---

[4] 김준헌,완전 성공 중국어,시사중국어사,2014。本文在选取进行比较的教材时,使用了韩国韩瑞大学中文系推荐使用的汉语教材,其中 완전 성공 중국어 是由韩国人编撰的汉语综合教材。

[5] 杨寄洲:《汉语教程》,시사중국어사,2014。

[6] 杨寄洲:《汉语教程》,北京语言大学出版社,2006。

《汉语教程》的韩国引进版和中国原版,共 6 册。它们都覆盖了汉语的重难点语法项目,但在比较句语法点的分布、讲解和练习方面又有不同,在如何将韩国留学生学习汉语的语言学客观规律运用到教材编写中也各有特征,通过对它们一系列的对比分析,力求能进一步分析讨论如何把这些客观规律运用到教材编写的各个环节中,使教与学能够取得更好的效果。

5.1.1 三种教材中比较句语法点的分布

5.1.1.1 완전 성공 중국어中比较句语法点的分布

완전 성공 중국어中比较句语法点出现在第 3 册第 8 课、第 10 课,主要涉及了"比"字差比句和"跟"字等比句。

课文	课文内容	句法结构	句型
第3册第8课《今年夏天比去年热》	今年夏天比去年热。	A比B+形容词	"比"字差比句
	好像比首尔更热。	A比B+更+形容词	
	上海的气温比北京高几度。	A比B+形容词+数量补语	
	上海有北京这么热吗?	A有B+这么/那么+形容词	"有"字比较句
第3册第10课《我跟你一样》	我跟你一样。	A跟B一样	"跟"字等比句

从완전 성공 중국어课文中出现的比较句的句法结构类型来看,主要有两类,一类是"跟"字等比句,一类是比较项是形容词或者以形容词为中心语的结构。从总体上看,완전 성공 중국어课文中出现的比较句数量不多,复现率不高,比较句的句法结构类型也较为单一。

5.1.1.2 韩国版《汉语教程》中比较句语法点的分布

韩国版《汉语教程》中比较句语法点出现在中级第 1 册第 5 课和第 6 课。

课文	课文内容	句法结构	句型
中级1第5课《我比你更喜欢音乐》	北京比上海大吧？	A比B+形容词	"比"字差比句
	上海比北京大吧？		
	不过人口比北京多。		
	上海不一定比北京暖和。		
	我比你更喜欢音乐。	A比B+更+动词+宾语	
	也许比你更喜欢。		
中级1第5课《我比你更喜欢音乐》	上海比过去变得更漂亮了。	A比B+更+动词+补语	"比"字差比句
	上海的气温比北京高好几度。	A比B+形容词+数量/程度补语	
	上海的公园是不是比北京暖和一点？		
	上海的气温比北京高得多。		
	上海没有北京大。	A有/没有B+这么/那么+形容词	"有"字比较句
	上海的公园有北京的多吗？		
	上海的公园没有北京的多，也没有北京的大。		
	所以感觉还没有北京暖和。		
	可能没有你们年轻人那么喜欢。		
中级1第6课《我们那儿的冬天跟北京一样冷》	我们那儿的冬天跟北京一样冷。	A跟B一样/不一样	"跟"字等比句
	季节跟北京一样吗？		
	季节跟北京一样。		
	你们国家的时间跟北京不一样吧？		
	气候跟北京一样不一样？		
	冬天跟北京一样冷。		
	我跟你不一样。		
	听力跟阅读一样。		
	我的阅读跟你考得一样。		
	我跟你不一样。		

韩国版《汉语教程》与中国版《汉语教程》中的课文内容是完全一样的,这也是引进版的各类教材的一个特征,即对课文内容不进行改写,只在出现的阶段上略有调整。

5.1.1.3　中国版《汉语教程》中比较句语法点的分布

中国版与韩国版《汉语教程》中比较句语法点的内容一致,但是出现的阶段略有不同。《我比你更喜欢音乐》在中国版《汉语教程》的第2册(上)第1课,《我们那儿的冬天跟北京一样冷》在第2册(上)第2课。

中国版《汉语教程》中比较句的课文内容比较多,每一类的比较句句法结构都由多个课文中的句子来呈现,总体上每一种句法结构的出现次数比较多,复现率比较高,出现的句法结构类型也比완전 성공 중국어中多。

5.1.1.4　比较句语法点分布情况分析

三种教材都涉及了比较句语法点中使用频率最高的"A 比 B +形容词(+……)"和"A 跟 B 一样／不一样"这两类句法结构类型,但也有不同之处。

第一,从分布的阶段来看。완전 성공 중국어中涉及的比较句语法点出现在全4册中的第3册,分布在第8课和第10课;韩国版《汉语教程》虽然是从中国引进出版的,但是在比较句语法点的分布上也略作了调整,出现在中级第1册第5课和第6课;中国版则出现在第2册(相当于中级)(上)第1课和第2课。

三种教材都是在学生基本掌握了初级阶段的汉语后安排比较句语法项目的教学活动,这比较符合汉语的学习规律,并且韩国版《汉语教程》还将比较句语法项目的出现后移了几课,在韩国的语言环境中学习汉语的难度无疑是大于在中国的汉语环境中学习汉语的,如果在这一册的第1课和第2课出现这个难度的语法项目则不利于学生在新学期快速进入学习状态,韩国版的《汉语教程》的这一变化更符合在韩国的韩国留学生的学习规律。

第二,从课文内容来看。완전 성공 중국어中涉及的比较句语法点出现在两课的内容中,且中间间隔了一课《特快票卖完了》。从课文内容的连贯性上看,这样安排是为了保持整本教材课文内容的衔接性,同时,在客观上为学生学习比较句留出了更多的消化时间;韩国版和中国版的《汉语教程》都是分布在连续的两课中,分布比较集中。

第三,从分布数量上看。완전 성공 중국어中共有5种比较句的句法结构类型,4种在第3册第8课,1种在第3册第10课;韩国版和中国版的《汉语教程》中共有6种比较句句法结构类型,5种在前一课出现,1种在后一课出现。比较句是一个大的语法项目,可以分为很多小的语法点,难度也不一样,但是《汉语教程》中出现的比较句句法结构比较集中,并且出现在连续的两课中。

三种教材中,比较句语法项目都分布在两课的内容中,其中완전 성공 중국어中比较句语法项目分布在间隔的两课,《汉语教程》分布在连续的两课中;완전 성공 중국어中出现的比较句语法点较少,《汉语教程》中则出现的比较多、比较集中,即《汉语教程》虽然对比较句语法点出现的时间进行了调整,但对课文内容和比较句的句法结构类型没有进行调整,这样的安排对在韩国学习汉语的韩国留学生来说压力比在中国学习汉语的韩国留学生更大。

第四,从句法结构的复现率来看。완전 성공 중국어中,每种比较句的句法结构类型都只在课文中出现一句,没有复现率;而《汉语教程》中同一个比较句的句法结构类型会有两句及两句以上的课文,复现率较高。

复现率高可以给学生更多的比较句的输入,也可以引导学生使用归纳法归纳出比较句的句法结构,而완전 성공 중국어中严重缺乏复现的比较句,教师教学只能采用演绎法教学,虽然采用归纳法与演绎法进行教学各有利弊,但从学生学习的角度看,自己通过课文中同一结构但不同内容的语句总结归纳的句法结构更有利于记忆和最终掌握。

5.1.2　三种教材中比较句语法点的讲解

5.1.2.1　완전성공중국어中比较句语法点的讲解

由于완전성공중국어是韩国人编写的本土汉语教材,因此在语法点的讲解上有中国版《汉语教程》所不具备的语言优势,可以用学生的母语——韩语对比较句的语法特征进行说明,在一定程度上更好地帮助学生理解和学习。

第8课[7]

비교문（1）−차등비교（1）차등비교란 "A"와 "B"를 서로 비교하여 그 성질이나 정도의 "차이"를 표시하는 비교문이다.기본형："A"는 "B"에 비하여 '어떠' 하다.어순：A＋比＋B＋형용사（구）／동사（구）

　　西瓜比苹果大。
　　面包比饭好吃。
　　这本小说比那本小说有意思。
　　我比他喜欢听音乐。

（2）술어의 앞에 정도부사 "更／还" 등을 사용하여 수식하는 문형："A"는 "B"에 비하여 "더어떠" 하다.어순：A＋比＋B＋更／还＋형용사（구）／동사（구）

　　这个比那个更大。
　　金老师比我还高。
　　面包比饭还好吃。

（3）술어의 뒤에 정도의 차이를 표시하는 구체적인 "수량（수치）"이나 "多" "得多" "一点儿" "一些" 등이오는경우："A"는 "B"에비하여 "수량（수치）" 만큼 "어떠" 하다.

어순：A＋比＋B＋형용사（구）／동사（구）＋多／得多／一点儿／一些／수량

　　今天比昨天暖和一点儿。
　　这本小说比那本小说有意思多了。
　　我比我弟弟大三岁。
　　我比他早来一个小时了。

（4）"比" 비교문의부정："A"는 "B" 보다 "어떠하지 않다".어순：A＋不＋比＋B＋술어

　　西瓜不比苹果好吃。
　　小王不比小金高。

（5）차등비교문의 의문문：일반적으로 "吗" 의문문을 사용한다.어순：A＋比＋B＋술어＋吗

　　你比她高吗？
　　你比他大吗？

비교문（2）−동등비교의 "有"

"有"를 포함하는 동등비교는 "A"가 "B"의 수준（정도）에 도달하였음을 나타낸다. "有"를 포 함 하 는 동 등 비 교 문 에 함 께 쓰 이 는 "这么"는 화자에게서 가까운 것을, "那么"는 화 자 에 게 서 먼 것 을 가 리 키 는 데,생략하는 경우도 있다.또한,전반적으로 긍정문보다는 부정문과 의 문문의 형태로 많이 쓰인다.

---

[7] 김준헌,완전 성공 중국어,시사중국어사,2014.本文在选取进行比较的教材时,使用了韩国韩瑞大学中文系推荐使用的汉语教材,其中完全 成功 中国语是由韩国人编撰的汉语综合教材,第 113−117 页。

续表

（1）긍정문어순：A＋有＋B（＋这么／那么）＋형용사（구）／동사（구）

这座楼有那座楼（那么）高。

这个苹果有我的拳头（这么）大。

（2）부정문부정：A＋没有＋B（＋这么／那么）＋형용사（구）／동사（구）

这座楼没有那座楼（那么）高。

这个苹果没有我的拳头（这么）大。

（3）의문문："吗" 의문문과 정반의문문 "吗" 의문문你弟弟有你（那么）高吗？ 정반의문문

你弟弟有没有你（那么）高？

第10课[8]

2. 비교문（3）-동등비교를 나타내는 "A＋跟＋B＋一样" "A＋跟＋B＋一样" 은 "A" 와 "B" 를 서로 비교한 결과가 "같다(一样)" 는 뜻을 나타내는 동등비교문이다. "跟＋……＋一样" 을 포함하는 동등비교 표현에는 별도 의 술어를포함하는 문형과 포함하지 않는 문형의 두 종류가 있다.

（1）A＋跟＋B＋一样："A" 는 "B" 와같다.

我的成绩跟她的成绩一样。

这件衣服的价格跟那件衣服的价格一样。

（2）A＋跟＋B＋一样＋형용사／동사："A" 는 "B" 와같이 "어떠" 하다.

他跟我弟弟一样大。

这件衣服的价格跟那件衣服的价格一样贵。

在语法讲解部分，완전 성공 중국어给每一种比较句的句法结构类型都举了两个及以上的例句，使用的都是演绎法，即先给出句法结构的公式，然后再从句法结构出发分析例句，同时扩展了对应比较句的否定比较句形式 "A 不比 B ＋形容词" 以及疑问句形式 "A ＋比＋ B ＋形容词＋吗"。

5.1.2.2 韩国版《汉语教程》中比较句语法点的讲解

韩国版《汉语教程》较中国版《汉语教程》增加了韩语的解释部分，这也是《汉语教程》被引入韩国后的最大变化，将中国版《汉语教程》中的英语释义部

---

[8] 김준헌,완전 성공 중국어,시사중국어사,2014。本文在选取进行比较的教材时，使用了韩国韩瑞大学中文系推荐使用的汉语教材，其中완전 성공 중국어是由韩国人编撰的汉语综合教材，第 146–147 页。

分全部转译为韩语,更适合韩国留学生使用。

第5课[9]
비교문(１)
① "比"자문두 사물 사이의 차이를 비교할 때 比를 사용한다.
　　Ａ＋比＋Ｂ＋형용사 飞机比汽车快。
　　·西瓜(수박)比苹果大。
　　·大象(코끼리)比熊猫(팬더)重。
주의!"比"자문에서 술어가 형용사이면 형용사 앞에 很,真,非常 등의 정도부사를 사용하지 못 한다.
　　·飞机比汽车很大。(×)
　　·西瓜比苹果很大。(×)
　　Ａ＋比＋Ｂ＋동사＋목적어
　　·她比我喜欢音乐。
　　·我比她喜欢学习。
만약 동사에 정도보어가 따를 때,比는 동사 앞에 쓸 수도 있고 보어 앞에도 쓸 수 있다.
　　·他比我考得好。／他考得比我好。
　　·我今天比你来得早。／我今天来得比你早。
사물의 대략적인 차이를 나타낼 때 一点儿,一些를 쓰면 차이가 크지 않음을 의미 하고,多,得多,多了를 쓰면 차이가 큼을 의미한다.
　　·上海冬天是不是比北京暖和一点儿?
　　·这件比那件贵多了。
　　·她跑得比我快得多。
比의 부정은 "不比"가 아닌 "没有"를 사용한다.Ａ比Ｂ＋Ｃ→Ｂ没有Ａ＋Ｃ
　　·飞机比火车快。→火车没有飞机快。
　　·西瓜比苹果大。→苹果没有西瓜大。
　　·大象比熊猫重。→熊猫没有大象重。
"不比"는 부정하거나 상대방의 말을 반박할 때만 사용한다.
　　·Ａ:我看你比麦克高。　　Ｂ:我不比他高。我们俩差不多高。
　　·Ａ:冬天上海比北京暖和。　Ｂ:冬天,上海不比北京暖和。
② Ａ＋有／没有＋Ｂ＋(这么／那么)＋형용사 동사 有는 도달이나 짐작을 의미한다.긍정형식:Ａ＋有＋Ｂ＋(这么／那么)＋형용사

---

[9] 김준헌,완전 성공 중국어,시사중국어사,2014。本文在选取进行比较的教材时,使用了韩国韩瑞大学中文系推荐使用的汉语教材,其中 완전 성공 중국어 是由韩国人编撰的汉语综合教材,第79-89页。

부정형식:A+没(有)+B+(这么/那么)+형용사 긍정형식은 의문문이나 반어문에 주로 쓰고, 부정형식은 진술문에 주로 쓰인다.
- A:她有你(这么)高吗?　　B:她没有我(这么)高。
- A:你这次考得怎么样?　　B:我没有你考得(那么)好。
- 我们那儿冬天没有这儿(这么)冷。

수량보어 사물간의 수량, 정도의 구체적 차이를 비교할 때 수량보어를 사용하는데 수량보어는 형용사 뒤에 놓인다. A+比+B+형용사+수량사(보어)
- 罗兰比我跑得快五分钟。
- 他比弟弟大两岁。

第6课

비교문(2):跟…一样/不一样

① 중국어에서는 "A跟B一样" 으로 비교의 결과가 서로 같음을 나타낸다.
- A:这件毛衣500元
- B:那件蓝毛衣也是500元
- → 这件毛衣跟那件价钱一样。
- A:小王20岁　　B:小张也20岁
- → 小王跟小张一样大。
- A:我喜欢听音乐　　B:她也喜欢听音乐
- → 她跟我一样喜欢听音乐。

② "A跟B不一样" 은 비교의 결과가 서로 다름을 나타낸다.
- A:这件衣服400元　　B:那件衣服600元
- → 这件衣服跟那件衣服价钱不一样。
- A:这双皮鞋25号　　B:那双皮鞋26号
- → 这双皮鞋跟那双不一样大。
- A:姐姐喜欢跳舞　　B:弟弟喜欢唱歌
- → 姐姐跟弟弟的爱好不一样。/ 姐姐的爱好跟弟弟不一样。

③ "跟…一样/不一样" 은 관형어로 쓰일 수도 있다.
- 他有一辆跟你这辆颜色一样的车。
- 我买了一本跟你那本一样的词典。

④ "跟……不一样" "不跟……一样" 이라고 말할 수도 있다.
- 我跟你不一样高。=我不跟你一样高。
- 我的词典不跟你的一样。=我的词典跟你的不一样。

韩国版《汉语教程》的比较句语法点的讲解同样使用了演绎法,先给出比较句的句法结构公式,然后举出例句进行分析说明,并且针对学生容易出错的地方,给出了偏误例句进行分析,如"飞机比汽车很快",用以说明在"A 比 B＋形容词"结构中,形容词前不能用"很、非常、特别"等程度副词,同时扩展了"比"字比较句的否定形式"不比"比较句;在第 6 课讲解"跟"字等比句时,阐述了"跟"字比较句的同义句型。

5.1.2.3　中国版《汉语教程》中比较句语法点的讲解

中国版《汉语教程》在解释的部分使用的是英语,这样可以适用于多国留学生,其他文字部分的内容与韩国版《汉语教程》一致。

第1课[10]

（一）比较句Comparative structures

① "比"字句The "比" sentence

比较两个事物之间的差别时用"比"字句:A比B……。

The "比" sentence is used to show the difference between two persons or things through a comparison in the pattern "A比B……".

A比B＋形容词

A比B＋Adjective

飞机比汽车快。

西瓜（watermelon）比苹果大。

大象（elephant）比熊猫（panda）重。

在"比"字句里,如果谓语是形容词,形容词前不能用"很、真、非常"等副词。

In a "比" sentence, if the predicate is an adjective, it cannot be preceded by such adverbs as "很""真""非常" etc., e.g.

不能说:*飞机比汽车很快。

　　　　*西瓜比苹果很大。

---

［10］ 김준헌,완전 성공 중국어,시사중국어사,2014。本文在选取进行比较的教材时,使用了韩国韩瑞大学中文系推荐使用的汉语教材,其中완전 성공 중국어是由韩国人编撰的汉语综合教材,第 6–9 页。

第2课

（一）比较句：跟……一样/不一样

Comparative structures：跟……一样/不一样 be like (same as) / unlike

汉语用"A跟B一样"表示比较的结果相同。

"A跟B一样"：A is same as B，e.g.

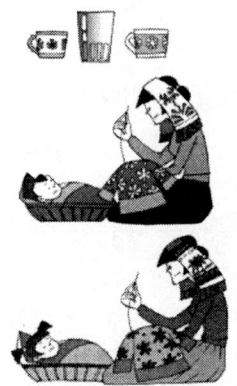

A	B
这件红毛衣500元。	那件蓝毛衣也是500元。
→这件毛衣跟那件价钱一样。	
小王20岁。	小张也20岁。
→小王跟小张一样大。	
我喜欢听音乐。	她也喜欢听音乐。
→她跟我一样喜欢听音乐。	

"A跟B不一样"表示比较的结果不同。例如：

"A跟B不一样"：A is not same as / different from B，e.g.

A	B
这件衣服400元。	那件衣服600元。
→这件衣服跟那件衣服价钱不一样。	
这双皮鞋25号。	那双皮鞋26号。
→这双皮鞋跟那双不一样大。	
姐姐喜欢跳舞。	弟弟喜欢唱歌。
→姐姐跟弟弟的爱好不一样。/姐姐的爱好跟弟弟不一样。	

"跟……一样/不一样"还可以作定语。例如：

"跟……一样/不一样" may be used as an attributive，e.g.

（1）他有一辆跟你这辆颜色一样的车。

（2）我买了一本跟你那本一样的词典。

5.1.2.4 比较句语法点讲解情况分析

第一，从讲解使用的语言来看。由于针对的学生不同，三种教材中使用的

注释语言不同。韩国本土教材和引进到韩国的教材都是用韩语注释,中国版《汉语教程》的注释语言是英语,这符合教材面对的学生母语情况,《汉语教程》引进到韩国后,所有原版用英语作注释的部分都翻译成了韩语。根据教材的实际使用者对注释和讲解的语言进行适当的变化有利于初级阶段的学生更好地学习,在中、高级阶段大部分的注释和讲解语言都是汉语则更有利于学生的汉语学习,但是완전 성공 중국어和韩国版的《汉语教程》所有的教材注释和讲解部分都使用的是韩语,没有渐进式地逐渐使用汉语进行注释和讲解。

第二,从讲解使用的例句来看。在완전 성공 중국어中,课文中仅有一句承载比较句句法结构的语句,对学生来说,比较句的输入量明显不足。在讲解部分완전 성공 중국어的例句一般都有 3 句,在一定程度上弥补了学生输入量不足的问题,但是没有针对韩国留学生常出现偏误的语句进行分析,也没有针对韩语和汉语比较句进行对比分析;《汉语教程》在讲解部分也给出了很多例句,并且有对学生经常出现偏误的例句的分析,虽然这个偏误也是韩国留学生常出现的,但编者在编写教材时并不是完全针对韩国留学生,同样缺少针对韩国留学生学习特征的一些改编;中国版《汉语教程》为了更好地说明比较句,使用了图片法,能够使学生更加直观地感受比较句的成句规律,但是韩国版在引进时删除了所有的图片。

第三,从讲解的内容来看。三种教材在语法讲解部分都对比较句的句法结构进行了分类和补充,出现了课文中没有出现的比较句句法结构类型,这些补充是必要的扩展,如扩展对应的比较句否定形式和疑问句形式,但是也需要有更多的例句,以保证学生的输入量,也需要对应的配套练习,让学生可以巩固和检查学习效果。

第四,从讲解的方法来看。除了基本的文字讲解以外,中国版《汉语教程》的语法讲解使用了很多图片,能够使学生更直观地理解比较句,완전 성공 중국어和韩国版《汉语教程》的语法讲解部分只有文字讲解。

从总体上看,완전 성공 중국어的讲解部分比较单薄,虽然有扩展,但是给出的例句没有《汉语教程》多,《汉语教程》讲解部分的例句较多,有句型扩展和句型转化的例句,但是韩国版《汉语教程》删除了原版中讲解部分的全部图片。

5.1.3 三种教材中比较句语法点的练习

汉语教材一般是按照"课文—讲解—练习"这三大部分进行编排,练习是必不可少的环节,既可以让学生复习巩固学到的知识,还可以检查学生学习的效果,练习部分的编排会在很大程度上影响学生的汉语学习效果。

练习一般分为"听、说、读、写"几个部分,训练学生的听说读写技能。在编排上,尽量将本课的语法项融合到练习中。练习的理想状态是,将语言的语音、词汇、语法、篇章知识与语言技能的听说读写译完美结合,虽然在教材编写中很难达到最理想的状态,但是通过语言技能的训练来巩固、检验语言知识的学习才是最终的目的。考察练习编排是否合理有效,也是从这些方面切入。

5.1.3.1 완전 성공 중국어中比较句语法点的练习

완전 성공 중국어中的练习涉及了听、说、读、写四个方面,其中听力部分没有涉及比较句语法点,所以未引入书中。

第9课
阅读 읽기
1. 보기에서 적당한 단어를 골라 빈칸을 채우시오.
　　怕　这么　比　更　好像
(1) 今天(　　)昨天更热。
(2) 你和你弟弟谁(　　)重?
(3) 他没有我(　　)高。
(4) 那条狗不(　　)人。
(5) 你最近(　　)瘦了
说 말하기 다음 질문에 답하시오.
(1) 今年夏天热还是去年夏天?
(2) 你的个子有你爸爸高吗?
(3) 你在家里最怕谁?
(4) 韩国什么时候是旅游旺季?
(5) 韩国夏天经常下雨吗?

写쓰기
다음을 중국어로 작문하시오.
(1) 그는 저보다(키가)5센티미터 큽니다.
(2) 그는 저보다(키가) 크지 않습니다.
(3) 우리 집은 당신 집만큼 그렇게 크지는 않습니다.
(4) 저는 더위를 탑니다.
(5) 지금은 성수기라서 좀 서둘러 예약해야 합니다.

第10课
阅读 읽기
1. 보기에서 적당한 단어를 골라 빈칸을 채우시오.
보기　得　而且　越来越　跟　对
(1) 我(　　)中国一切都感兴趣。
(2) 因为我妹妹很爱吃巧克力,所以她的身体(　　)胖了。
(3) 你的手机(　　)谁的一样?
(4) 最近胖了十斤,我(　　)运动了。
(5) 他不但学习很好,(　　)也常帮助别人。
说말하기 다음 질문에 답하시오.
(1) 你对中国的什么感兴趣?　→
(2) 你对中国的哪个城市感兴趣?　→
(3) 你读大学以前学过汉语吗?　→
(4) 你最想给外国人介绍韩国的哪个城市? 为什么?　→
(5) 如果对韩国的传统文化感兴趣的话,应该去哪儿看看呢?　→

写쓰기
다음을 중국어로 작문하시오.
(1) 그들도 모두 저와 마찬가지로 중국에 가본 적이 없습니다.
(2) 저는 중국에 오기 전부터 중국 역사에 관심이 있었습니다.
(3) 만약 당신이 중국에 관심이 있다면,중국어를 공부하세요.
(4) 그의 몸은 점점 좋아지고 있습니다.
(5) 저는 점점 살이 찌고 있습니다.그래서 저는 운동을 해야 합니다.

从这些练习的量上来看，并不是所有的练习针对的都是比较句这个语法点，每个阅读、会话、写作的练习都只有小部分的题目针对的是比较句的语法点，并且练习的总量与其他教材相比都不大。

5.1.3.2 韩国版《汉语教程》中比较句语法点的练习

韩国版《汉语教程》的练习涉及比较句语法点的有选词填空、完成句子和回答问题三类题型，也是从读、说、写三个方面进行比较句语法点的操练。

第5课

4. 다음 보기에서 알맞은 단어를 골라 빈칸에 채워 넣으세요
   보기　气温　预报　最　名曲　流行　迷　增加　暖和
   他_____喜欢看足球比赛。
   我们国家的冬天比这儿_____。
   我们班又_____了两个新同学。
   他是一个足球_____，要是晚上电视里有足球比赛，他可以不睡觉。
   我没有你那么喜欢民歌，我喜欢_____歌曲。
   这是一支世界_____。
   天气预报说，今天最高_____是零下1摄氏度。
   天气_____说得不一定对。

5. 실제 상황에 근거하여 아래 질문에 답하세요
   北京冬天最冷是零下14摄氏度，你们国家的冬天比北京冷吗？→
   你住的城市东西比中国的便宜吗？→
   语言大学有10000多个学生，你们学校的学生比语言大学多吗？→
   爱德华一分钟能写18个汉字，你写得比他快吗？→
   山本每天7点45分到教室，你比她到得早吗？→
   山本有200多本中文书，你的中文书比她多吗？→

6. 다음 보기에서 알맞은 단어를 골라 빈칸에 채워 넣으세요
   보기　冷一点儿　深一点儿　高三度　大两岁　贵得多　早得多　高得多　快得多
   北京比我们那儿_____。
   我姐姐比我_____。
   每天早上她都比我起得_____。
   他比我跑得_____。
   这件羽绒服比那件_____。

续表

这件的颜色比那件_____。
明天上海的气温比北京_____。
今天的气温比昨天_____。

第6课
4. 다음 보기에서 알맞은 단어를 골라 빈칸에 채워 넣으세요
   보기　博物馆　刮　一样　秋天　开放　而且　产生　研究　只是
   一年有四个季节,它们是:春天、夏天、_____、冬天。
   我们国家的气候跟这儿不_____。
   _____了一夜大风,天气一下变冷了。
   你打算_____这个城市的历史吗?
   我_____认识她,对她还不太了解。
   最近,我对中国画和书法_____了兴趣。
   我周末常去_____参观。
   改革_____以后,中国的变化很大。
   这儿的冬天不但冷,_____还常常刮风。

5. "跟……一样/不一样" 을 이용하여 아래의 보기와 같이 문장을 만드세요
   我住东方宾馆,她也住东方宾馆。→ 她住的地方跟我一样。
   我的专业是汉语,她的专业也是汉语。→
   我的羽绒服是红的,她的也是红的。→
   我身高1米68,她的身高也是1米68。→
   我语法考试的成绩是95分,她也是95分。→
   我喜欢打网球,她也喜欢打网球。→
   她今年19岁,我也是19岁。→
   我去上海旅行,她也去上海旅行。→
   我买的是《汉英词典》,他买的也是《汉英词典》。→

6. 실제 상황에 근거하여 아래 질문에 답하세요
   山本的书包是蓝的,你的书包跟她的颜色一样吗? →
   爱德华周末想去书店,你想跟他一起去吗? →
   山本喜欢爬山,你的爱好跟她的一样吗? →
   我喜欢吃中国菜,你跟我一样吗? →
   麦克不喝啤酒,你呢? →
   我们国家没有冬天,你们国家呢? →
   玛丽对中国历史很感兴趣,你呢? →

韩国版《汉语教程》中的练习总量比완전 성공 중국어中的大,并且针对性更强,几乎所有的练习都是针对比较句语法点进行设计的,涉及的题型有选词填空、完成句子、回答问题,从说、读、写三个方面进行操练,既对语言知识进行了练习,也对语言技能进行了训练,但与中国版《汉语教程》相比,练习的量被删减变少。

5.1.3.3 中国版《汉语教程》中比较句语法点的练习

与语法点的分布、讲解不同,在练习部分,韩国版《汉语教程》与中国版《汉语教程》的差别比较大,我们在引文部分对异同之处作了简单的标记。

第1课
1. 听力(与韩国版一致)
2. 替换Substitution exercises(韩国版无此题)
(1) A:这个歌怎么样?
    B:这个歌比那个好听。

张	画儿	贵
件	大衣	长
个	房间	大
辆	汽车	新
个	地方	安静

(2) A:这件大衣比那件贵吗?
    B:这件没有那件贵。

这台电脑	那台	好
这辆汽车	那辆	便宜
这间屋子	那间	大
这一课	那一课	难
你	弟弟	高
他	你	大

(3) A:那儿的气温有北京高吗?
    B:比北京高得多。

这个教室	那个	大
弟弟	你	高
这个城市的人口	北京	多
这个公园	那个	漂亮
这个手机	那个	贵
这辆车	那辆	便宜

续表

（4）A：你比妹妹大几岁？
　　B：大两岁。（我比妹妹大两岁。）

她	你	快	两分钟
这台电脑	那台	贵	一千元
这个屋子	那间	大	二十平方米
这条河	那条	长	一百公里
今天的天气	昨天	高	三度
这件	那件	便宜	五十元

3. 选词填空（题目数量较韩国版多）
4. 按照例句做练习（韩国版无此题）

❹ 按照例句做练习　Practise after the models

例：小张　　小李　　小王
　　20岁　　19岁　　18岁
A：小李比小王大吗？
B：小李比小王大。
A：小张比小李大吗？
B：小张比小李更大。
A：小张比小李大几岁？
B：大一岁。
A：谁最大？
B：小张最大。

	小张	小李	小王
身高	180cm	175cm	170cm
体重	70kg	65kg	60kg
成绩	100分	95分	90分
写字	1分钟写24个字	1分钟写22个字	1分钟写20个字

5. 完成会话（韩国版无此题）

❺ 完成会话　Complete the following dialogues

（1）A：哪座楼高？
　　B：_____。
　　A：_____？
　　B：那座楼比这座楼高20米。

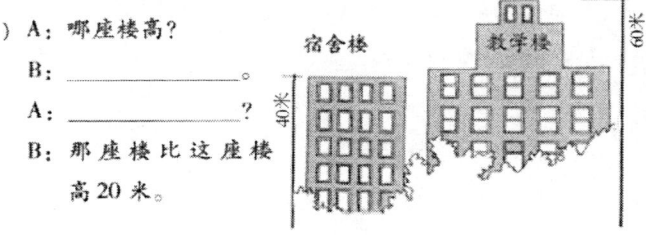

续表

(2)

A：黄河有长江长吗？
B：_____。
A：长江比黄河长_____？
B：长江比黄河长_____。

(3)

A：那台电脑有这台贵吗？
B：_____。
A：这台电脑比_____？
B：这台电脑比_____。

(4)

A：红箱子有黑箱子重吗？
B：_____。
A：黑的比红的_____？
B：黑箱子比红的重5公斤。

(5)

A：麦克比玛丽起得早吗？
B：_____。
A：麦克比玛丽晚起_____？
B：麦克比玛丽晚起_____。

续表

6. 改错句Correct the sentences（韩国版无此题） （1）他们的生活比以前很好。 （2）玛丽考了成绩比我考了成绩好。 （3）她说比我好得多。 （4）弟弟比我不高。 （5）他们比我们不来得早。 （6）麦克比我一点儿高。 7. 根据实际情况回答下列问题（与韩国版一致） Answer the questions according to actual situations

第2课的练习与韩国版比较情况与第1课基本一致，因此仅作异同标记，内容不再引入。

第2课 1. 听力（与韩国版一致） 2. 替换Substitution exercises（韩国版无此题） 3. 选词填空（与韩国版一致） 4. 按照例句做练习（韩国版无此题） 5. 完成会话（与韩国版一致） 6. 改错句Correct the sentences（韩国版无此题） 7. 根据实际情况回答下列问题（与韩国版一致） Answer the questions according to actual situations

中国版《汉语教程》的练习总量是三种教材中最大的，针对比较句语法点的练习也是最多的，韩国版《汉语教程》在引进时对练习进行了删减，使练习量大大减少，特别是有图片的练习全部进行了删减。

5.1.3.4 比较句语法点的练习情况分析

第一，从练习的数量上看。三种教材都有针对比较句语法点的练习，对学生进一步巩固所学知识、进行针对性检查提供了支持，但是완전 성공 중국어中的练习数量偏少，并且针对比较句语法点的练习只占练习的很小一部分，不足以对课文中涉及的各比较句句型提供足够的练习量；中国版《汉语教程》的练习大部分都是针对课文及语法讲解中扩展的比较句句法结构类型设计的，从

听、说、读、写多个角度针对比较句语法点进行练习;韩国版《汉语教程》删减了原版的练习的数量,虽然练习的总量比완전 성공 중국어多,但是练习题量仍有不足。

第二,从练习设计的题型上看。中国版《汉语教程》中的题型较多,包括听力、替换练习、选词填空、完成句子、完成对话、回答问题等,并且都围绕着比较句的语法点进行练习,练习的题型难度也是逐级增加的。替换练习属于机械性练习,对学生来说主要是巩固比较句的句法结构类型,替换的内容也已给出,只要在对应的句法位置进行替换即可,通过这样不断地重复,加深学生对句法结构类型的记忆;在选词填空和完成句子中,选填的是比较句的某部分句法成分,特别是补充补语的题型,对韩国留学生来说是针对薄弱环节的强化性练习;在完成对话部分,设置的语境通过图画来表示,使学生不会因为全部是文字性练习而产生输入疲劳;最后的回答问题是学生根据自己的实际情况进行回答,既能练习语法点,又能使学生意识到学习和实践可以紧密结合,学以致用。완전 성공 중국어和韩国版《汉语教程》相对来说,题型偏少,学生不能循序渐进式的练习,难度跳跃比较大,每一题型的练习题数量偏少。

第三,从练习设计的合理性上看。中国版《汉语教程》针对比较句语法项目的练习设计上,难度是逐次递进的,从最简单机械的替换练习开始,逐步增加难度,也使学生的自主输出语言量逐步增加,同时练习中设定了基本语境,使学生必须使用比较句语法才能进行正确表达,到最后一个练习"回答问题",要求学生完全根据自己的实际情况组织语言,也使学生能够学以致用;완전 성공 중국어中的练习设计缺少难度层级的区分,教材中涉及比较句语法点的练习也比较少;韩国版《汉语教程》删减课后练习后使练习的层级性和完整性无法保留,使学生在练习时增加了难度。

5.2　汉语教材编写比较句语法项目建议

从上文我们比较分析三种不同类型汉语教材对比较句语法项目的编排来看,三类教材各有优势和不足,如何有针对性地进行教材编写是汉语教学中的一个重要课题,编写符合学生学习规律的教材可以使教与学事半功倍。

在汉语教材的编写中,首先参考的就是各类汉语教学大纲,这些大纲关于比较句的语法项目,我们在第一章中进行了分析讨论,《汉语水平等级标准与语法等级大纲》是大部分教材在编写时参考的大纲,从大纲出发,我们发现这三类教材中涉及的比较句语法项在大纲中属于甲级语法项,而乙级、丙级、丁级的比较句语法项目均未涉及。从韩国留学生在"HSK 动态作文语料库"中比较句的语料来看,涉及的是甲级、乙级和丙级的比较句语法项,没有丁级的比较句句法结构,这说明丁级的比较句语法项的难度很大,并且在日常表达中使用很少。

作为综合教材的《汉语教程》把比较句作为语法项进行教学的只有第 2 册(中级)上,也只涉及了《汉语水平等级标准与语法等级大纲》中比较句的甲级语法项目。

比较句(甲级):(1)"比"字句。

这座山比那座山高。

广州的天气不比上海冷。

(2)跟(和、同)……一样。

她的年纪跟我一样。

(3)有(没有)……这么(那么)。

弟弟快有哥哥这么高了。

对于乙级和丙级比较句语法项目。

比较句(乙级):(1)一天比一天(一次比一次、一个比一个……)。

这里的天气一天比一天暖和。

(2)像……这么(那么)。

我不像他那么爱看电影。

(3)跟(和、同)……这么(那么)。

小张跟小王合作得这么好。

(4)……不如……

我不如他胖。

比较句(丙级):(1)A 比 B +"早、晚、多、少"等+动+数量补语。

他比我们多学了半年中医,比你们少学了两个月。

(2)A 比 B +动+"得……"(程度补语)。

>　　他比我叠得快一些。
>
> （3）带有"更、再、还"的比较句。
>
>　　这块化石比那块更古老。

通过对《汉语教程》所有课文内容和语法点的考察，在教材中乙级和丙级比较句语法项目也有分布、讲解和练习，但是没有单独作为某一篇课文的语法项目出现，只在其他课文中以课文语句出现，在语法讲解部分作为一个语法点来解释，而不是作为一个大的完整的语法项目，不再用整篇课文不断复现比较句的句法结构、安排大量详尽的语法讲解以及针对性练习。这与随着学生汉语学习的深入，需要掌握的语法知识越来越多、难度越来越大有一定关系。在学生进入中级阶段后比较句将不再是教学的重点和难点，"把"字句、"被"字句、"了"等成为新的学习重难点。但教材这样的处理对于各个国家的学生学习比较句时所出现的国别化偏误缺乏针对性，虽然随着学生汉语水平的提高，他们的学习能力也在增强，但是由于受到母语的影响，不可避免地会出现一些个性化、国别化的偏误。除此以外，随着汉语知识的增加，已经掌握的汉语会影响后续汉语知识的学习，所以对于乙级和丙级的比较句语法项全部不单独编排课文作为一个完整的语法项进行讲解，这样的安排会对学生学习造成不利的影响。从韩国留学生学习汉语比较句的结果来看，有值得反思之处，如韩国留学生否定比较句的偏误率非常高，甚至其他国家留学生的汉语否定比较句偏误率也相对较高[11]。

根据本书前几章对韩国留学生学习汉语比较句的偏误分析和韩汉语言对比分析的结论，以及本章中针对三类不同汉语教材对比较句语法项目的编排，我们提出了以下针对韩国留学生汉语教材编写的建议。

5.2.1　语法点分布顺序方面

1. 参考使用频率确定

在教材编写时不仅要依据大纲确定语法项目及分布顺序，也要参考学生实际使用各类比较句句法结构类型的频率，通过前文的研究我们得到韩国留学生习得汉语比较句各类句型的使用频率，如表一所示。

---

[11] 徐燕青：《"没有"型比较句的初步考察——兼及"不像"型比较句》，《世界汉语教学》，1997年第1期。

表一　韩国留学生习得汉语比较句各类句型的使用频率

比较句的语义类别			句式结构	占比
等比句	肯定式	1	A跟/和/像B（不）一样/差不多	14.80%
		2	A有B这么/那么+形容词	0
	否定式	3	A不像B这么/那么+形容词	2.00%
		4	A没有B（这么/那么）+形容词	2.50%
差比句	肯定式	5	A比B+形容词	15.80%
		6	A比B+形容词+程度/数量补语	13.00%
		7	A比B+动词+宾语	1.30%
		8	A比B+动词+补语	1.30%
		9	一+量词+比+一+量词	1.80%
		10	A比B+更/再/还+形容词/动词短语	24.60%
		11	A比B+"早/晚/多/少"+动词+数量补语	0.07%
差比句	否定式	12	A不如B（+形容词）	5.90%
		13	A不比B（+形容词）	0.30%
		14	A比不上B（+形容词）	2.60%
		15	A没有B（这么/那么）+形容词	2.50%
		16	A没有比B（+形容词）	0.80%

通过比较，不论是中国人还是学习汉语的韩国人，在比较句的输出方面趋于一致，这也可以作为我们编写汉语教材的依据，除了大纲以外将比较句各句法结构类型的使用频率作为重要参考。

在我们考察的三种教材中，在课文内容中只出现了"没有"否定比较句，但是在否定比较句的实际使用中，"不如"比较句使用频率在否定比较句中最高，因此，在扩展"比"字比较句时，완전 성공 중국어和《汉语教程》只扩展了"比"字比较句结构上的否定句式"不比"句，"不如"句作为一个语法点出现在后面的课文中，没有独立成为一篇课文承载的语法项目。

2. 否定比较句单独成语法点

根据前文的讨论分析，否定比较句是韩国留学生偏误率发生比较集中的语法点，我们考察的教材中，均未将否定比较句单独作为语法点编写进课文进行讲解和练习。《汉语水平等级标准与语法等级大纲》中只单列了"不如"比较句，但这三种教材中并未给"不如"比较句单独编排课文，我们又查阅了其他汉语教材,也都没有将否定比较句单独编排课文。

针对韩国留学生学习否定比较句的偏误情况,将否定比较句单独编排课文,进行针对性的讲解,如对"不如""不比""没有"从语际、语内迁移两方面进行对比讲解,再进行针对性的练习设计,可以使学生更好地掌握否定比较句的各种规则。

5.2.2　语法讲解方面

我们考察的三种教材中,语法讲解部分都进行了必要的扩展,其中《汉语教程》中针对学生容易出现偏误的部分做了"注意"部分的提示,这样的提示可以很好地让学生注意到哪些比较句的表达是错误的,但是这样的讲解在教材中太少,特别是韩国留学生使用的针对韩国留学生编写或者改编的汉语教材,这方面需要加强。

1. 针对韩国留学生汉语学习特征进行语法点讲解

根据韩国留学生学习比较句的典型性偏误进行语法点的讲解编写,如增加比较句结果项中动补结构和形容词＋程度／数量补语的讲解,"A 比 B ＋更／还＋形容词性结构"这一句法结构中"更"和"还"的对比分析等内容,可以有效地帮助韩国留学生更好地掌握比较句的句法。

2. 根据韩汉语言对比分析结果进行语法点讲解

根据韩语和汉语的对比分析结果,在讲解内容上增加比较项中程度副词使用规则的韩语和汉语的语言对比分析;针对汉语与韩语比较句语序的不同,通过简单的对比分析,使学生更好地掌握汉语比较句的语序;除此以外,本书针对韩国留学生学习汉语比较句偏误研究所得出的结论都能应用于对韩国留学生的教学中,这样有针对性地教学,可以使韩国留学生更加清晰地掌握韩语语法规则与汉语语法规则的不同之处,尽可能从教与学的环节减少出现偏误的可能。

5.2.3　针对性练习设计方面

练习作为巩固语法点知识、检查学生掌握语法点程度的重要内容,既要保证一定的练习数量,也要保证练习的质量。针对我们比较分析三种汉语教材中练习设计的实际情况,比较句语法项目的练习设计遵循以下要点能够更好地完成练习所承担的职责。

1. 练习难度循序渐进

巩固句法结构的机械性练习最主要的形式就是"替换练习",如《汉语教程》中的练习:

A:这件大衣比那件贵吗?
B:这件没有那件贵。

这台电脑	那台	好
这辆汽车	那辆	便宜
这间屋子	那间	大
这一课	那一课	难
你	弟弟	高
他	你	大

这样的替换练习就是为了巩固学生学习的比较句的句法结构,也是难度最小的练习题型,但是能起到很好的练习效果;在"替换练习"之后可以安排"完成句子"类的练习,"选词填空"或者补充完成句子,但是完成句子需要补充的内容是作为选择项提供给学生的,学生在掌握比较句句法结构的基础上进行判断选择;进一步提高难度的练习是给出语境,由学生完成句子或完成会话,提供的语境可以使练习的内容圈定在比较句语法项上,但是要求学生独立完成整句的输出;最后在实际的交际环境中让学生输出比较句,用"回答问题"或设置交际语境由学生完成对话。

2. 针对韩国留学生偏误率较高的比较句句法结构设计

针对韩国留学生学习汉语的特点可以设置针对性练习,如补充完成比较句的比较项中补语的练习,这个内容是韩国留学生学习比较句的薄弱环节;选填比较句结果项中的"更"与"还";针对韩国留学生学习"是"陈述句,作翻译句子的练习。

3. 交际性练习注重趣味性

亚洲的学生由于性格较为内敛,在语言课堂上活跃度往往不足,因此在设计练习时需要充分考虑韩国留学生的性格特点,练习要更多地使用图片,更加形象,完成会话部分要尽量与学生的日常生活和学习密切相关,可以设计与课文内容类似的交际场景,要求学生根据实际情况自主进行对话。

5.3 韩国留学生的汉语比较句教学

韩国留学生对汉语比较句的习得有着自身的特征,针对韩国留学生学习汉语比较句的重难点进行针对性的教学,有助于韩国留学生更好地学习汉语比较句;同时采取更多样化的教学方法,提高学生的学习兴趣,逐步掌握汉语比较句。

5.3.1 设计针对性的教学内容

根据本书的前述研究结论,韩国留学生习得汉语比较句产生偏误较为集中的几类,在教学时必须设计具有针对性的内容,在教材中设计相关内容,语法讲解部分、练习部分针对以下内容进行设计。

1. 语序方面

针对韩语与汉语语序类型的区别,在"语法讲解"部分设计对比分析的内容,在"练习"部分可以进行改错句、连词成句的练习,如下所示。

```
语法讲解:
汉语  我比他高。            我比他走得快。
韩语  나는 그보다 크다.      나는 그보다 빨리 간다.
```

```
练习:
修改错句    比以前我的成绩好了。→
连词成句    父母  希望  孩子们  跟  努力  学习  一样→
```

2. 比较项中的副词方面

针对比较项中的副词,在"语法讲解"部分可以给出典型的偏误例句进行分析,在"练习"部分可以用"修改错句""选词填空"等题型进行针对性训练。

```
语法讲解:
*他的个子比我很高。×        他的个子比我高。√
*这本书比那本书太好看。×    这本书比那本书好看。√
```

> 练习：
> 修改错句： 他的个子比我很高。→
> 选词填空： 还　　　更
> 　　　　　他的成绩比同学（　　　）好。
> 　　　　　他才学了两个月汉语，居然比学了半年汉语的同学成绩（　　　）好。

3. "是"字陈述句方面

韩国留学生由于受母语影响，在表达一般陈述句时，直接从韩语对应的句子翻译成汉语，造成偏误，这些偏误虽不属于比较句语法的偏误，但是确实影响了比较句的正确输出，所以为了提前预防这一类偏误的发生，教师应在课堂讲解时注意给学生提示。

4. "补语"方面

由于韩语中没有补语，因此汉语补语历来是韩国留学生学习的重难点，而在比较句"A 比 B＋形容词＋程度／数量补语""A 比 B＋动词＋补语"等句型中都涉及了补语，因此，在讲授这些含补语的比较句句型时，教师不仅仅要针对比较句的句法结构进行教学，对补语的表达也要引起重视，通过复习、练习，使学生在学习比较句时不再出现补语方面的偏误。

5.3.2　教学方法的多样性

为了提高学生的学习兴趣，在讲授语法项目时要采用多样的教学方法，目的是积极调动学生的学习积极性和教学的参与性，不能只采用"教师讲授，学生听课"这一传统的课堂教学模式，根据比较句的语法特点，可以采用以下教学方法。

5.3.2.1　归纳法＋演绎法

在教学中，利用好课文中的内容，引导学生与教师一起总结出比较句的句法结构，有利于提高学生的课堂参与度，有利于提高学生从课文句子中抽象出句法结构的能力，也有利于学生记忆。

以韩国版《汉语教程》第 5 课《我比你更喜欢音乐》为例，在生词、课文讲授过后，开始讲授比较句的句法结构时，可以让学生找出课文中所有带"比"的句子，然后引导学生一起归纳比较句的句法结构，如下所示。

第5课《我比你更喜欢音乐》：
　　　　　　北京　　比　　上海　　大　吧。
　　不过人口　　　　比　　上海　　多。
上海的冬天是不是　比　　北京　　暖和一点儿？
上海的气温　　　　比　　北京　　高好几度。
　　　　　　　　　↓
　　　　　　A　　比　　B　　形容词　（补语）

在归纳出比较句的基本句型后，再用演绎法，通过替换练习进行巩固，如下所示。

A：这个歌怎么样？
B：这个歌比那个好听。

张　　　画儿　　贵
件　　　大衣　　长
个　　　房间　　大
辆　　　汽车　　新
个　　　地方　　安静

A：这件大衣比那件贵吗？
B：这件没有那件贵。

这台电脑　　那台　　好
这辆汽车　　那辆　　便宜
这间屋子　　那间　　大
这一课　　　那一课　难
你　　　　　弟弟　　高
他　　　　　你　　　大

这样用演绎法的替换练习既巩固了比较句基本句型的记忆，又进行了最基础的练习。

5.3.2.2 实物法和图片法

比较句是通过比较来建立基本的比较句语义基础，因此可以使用实物法和图片法进行比较，帮助学生建立基本的比较句构成语义，也可以活跃课堂氛围，提高学生的学习兴趣。

在课堂中让学生比个子、比年龄,起始的练习可以是基本的替换练习,比较项是各位参加练习的同学,结果项是个子、年龄等比较的结果;进一步提高练习的难度,则可以让学生进行对话,通过比较得出结论。

对不能带到教室、不能在教室环境中就地取材的实物,可以使用图片进行展示,提供给学生比较项和比较点,学生根据教师提供的图片来进行替换练习或者会话练习;还可以利用多媒体技术,通过视频来给学生展示比较句的素材。

5.3.2.3 问答法

给出场景,让学生根据场景完成对话,或者根据问题回答,这些都有利于学生"学以致用",使学生明白学过的比较句在日常生活场景中都能用到,提高学习的积极性,如给出一张图片,是高矮的两栋楼,要求学生问路,并指出图片中的一栋楼是问路人要找的地点。这类练习在《汉语教程》中,如下所示。

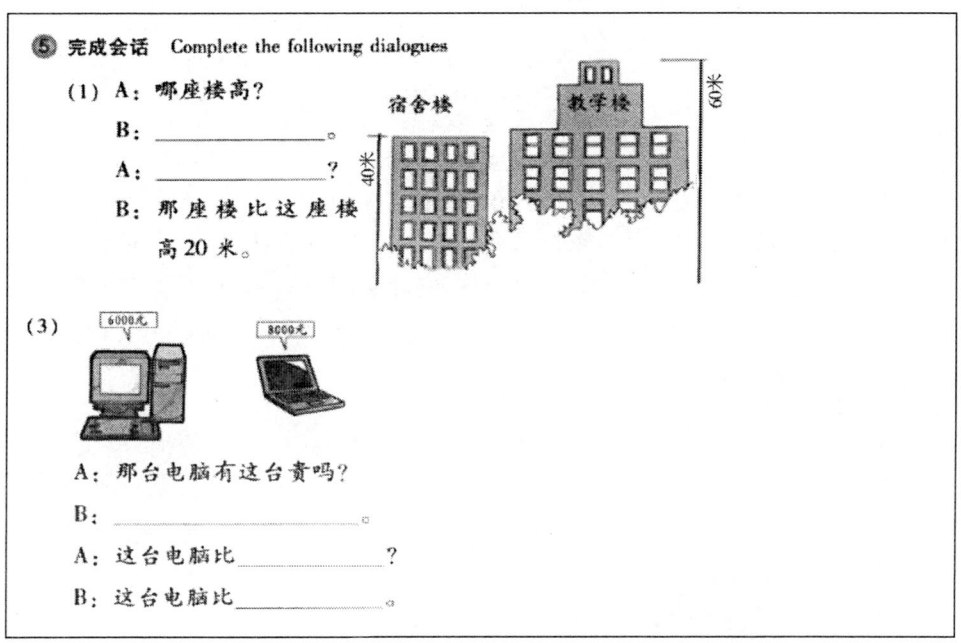

5.3.2.4 场景交际法

场景交际的目的是在交际中使用所学的比较句句法,既提高学生习得比较句的水平,又提高学生的语言交际能力。

例如,《汉语教程》中《我比你更喜欢音乐》这一课的课文内容是比较北京与上海的人口、大小、气温等,在学生学习课文、生词和基本的比较句句法后,首先要求学生熟练掌握课文内容,要求学生分组进行角色扮演,复述课文内容;其次,设计与课文场景相似的场景,要求学生通过对话比较自己熟悉的两个城市,城市的选择和比较的角度由学生根据自己的实际情况来决定,学生准备好以后可以请学生进行会话表演;最后,可以根据学生的掌握程度,进一步提高练习的难度,设计其他类型的场景,要求学生进行语言交际,要求使用比较句进行各种比较,如学生家庭成员数量、年龄等方面的比较,学生日常生活中去超市买东西对物品大小、价格、味道等各方面进行比较,等等。

总之,场景交际法可以让学生进一步提高比较句习得的正确性,也使学生能够学以致用,使用这一交际法要注意难度的增加是逐步完成的,必须在学生熟练掌握课文内容的基础上进行。

5.4　小结

第一,韩国留学生使用的汉语教材类型有三类:一是韩国本土编撰的汉语教材,二是韩国引进的汉语原版教材,三是韩国留学生在中国留学时使用的中国本土汉语教材。这三类教材各有特色,但在编写时总体上都遵循了学生学习汉语的客观规律,针对韩国留学生学习汉语的特征进行编撰,这在韩国本土教材和韩国引进的汉语教材上均体现不足。

第二,针对韩国留学生编写汉语教材不仅仅是把生词、语法讲解作出韩语翻译,还要结合韩国留学生学习汉语的各种规律进行,这需要针对韩国留学生进行更多的汉语和韩语的研究,韩汉语言对比研究,汉语内部句法、语义研究都是亟待进行的研究。

第三,针对韩国留学生进行汉语教学,既要基于汉语教材,也要针对学生的学习特征,对教材进行有益的补充,结合韩国留学生的性格特点,提高学生的学习兴趣,激发学生参与课堂教学的积极性。

第六章
结　语

　　比较句作为汉语教学的重点和难点之一，进行国别化的习得和教学研究，有助于学生更好地掌握汉语比较句。本书的研究是基于"HSK 动态作文语料库"中所有韩国留学生的汉语比较句语料，分析韩国留学生使用的比较句句法结构类型，收集其中的偏误语料，对偏误类型进行分析，针对偏误分析讨论造成偏误的原因，同时对韩语和汉语比较句进行对比分析，通过分析找到产生偏误的母语和目的语的因素，在教材编写和教学方法上进行针对性的设计，将研究的成果应用到针对韩国留学生的汉语的教与学的实践中去。

　　首先，本书对研究的总体思路进行了梳理，从研究的缘起及内容，研究的目的和意义，研究方法等方面做好了研究的前期准备，对书中的语料来源进行了说明分析，对相关的研究成果进行了综述；其次，对"HSK 动态作文语料库"中所有韩国留学生的汉语比较句语料进行了全面的考察分析，总结出了韩国留学生在实际输出汉语时使用的九类比较句类型，针对他们习得汉语比较句的偏误语料，考察分析了十二类偏误类型；再次，针对韩国留学生习得汉语比较句时受到母语影响造成的偏误进行考察分析，讨论韩语对韩国留学生习得汉语比较句的影响；从次，针对韩国留学生习得汉语比较句时受到汉语本身语言规则影响造成的偏误进行考察分析，讨论汉语句法规则对韩国留学生习得汉语比较句的影响；最后，结合前文的研究结论，从教材和教法两个方面分析讨论针对韩国留学生的汉语比较句教学。

　　综上所述，本书基于"HSK 动态作文语料库"中所有韩国留学生的汉语比较句语料，分析了韩国留学生习得汉语比较句的偏误类型，并对造成偏误的原因进行了讨论分析,造成偏误的语言学因素主要是语际迁移、语内迁移中的负迁移,最后结合前文的研究结论,针对韩国留学生的汉语比较句学习,提出了教材编写和教学方法方面的建议。

本书的创新之处在于,对"HSK 动态作文语料库"中所有韩国留学生的汉语比较句语料进行了全面的考察分析,目前已有的相关研究成果中均未作出这样全面的考察分析;针对韩国留学生习得汉语比较句的偏误,在分析偏误原因时,将语际迁移和语内迁移的负迁移作为主要考察角度,既考虑了韩语作为学生母语对学习汉语比较句的影响,也考虑了汉语本身句法规则对韩国留学生习得汉语比较句的影响,最后基于前文的研究成果提出了教材编写和教学方法方面的建议,本书具备完整的研究逻辑,每一章节既可相对独立,也能相互呼应。

本书的不足之处在于,针对偏误原因分析的语际、语内负迁移的讨论分析仍然有可以深入研究之处;针对韩国留学生的教材编写和教学方法方面,还有很多值得深入讨论的问题,由于本人研究能力的局限,没有进一步深入讨论;韩国留学生学习汉语比较句时所涉及的主观因素方面,如学生的学习策略、学习态度和动机等方面,本文均未涉及;这些内容都可以作为本人将来进一步研究的方向,为更好地成为一名汉语教师作出努力。

针对韩国留学生的汉语教学和学习方面的研究仍然有很多角度可以切入,教与学都可以进行无止境的探索,希望本书能够给对韩国留学生的汉语教学提供一些参考。

参考文献

一、论文

[1]崔维真,齐沪扬.差比句肯定否定形式不对称现象考察[J].汉语学习,2014(6):11–19.

[2]戴曼纯.二语习得的"显性"与"隐性"问题探讨[J].外国语言文学,2005(2):101–111.

[3]丁雪欢.留学生疑问代词不同句法位的习得顺序考察[J].汉语学习,2006(5):47–53.

[4]关馨.韩国语"보다"比较句和汉语"比"句的对比研究[D].延边:延边大学,2014.

[5]桂菲.对外汉语比较句教学研究[D].哈尔滨:黑龙江大学,2015.

[6]侯雪艺.中级水平韩国留学生汉语比较句习得分析[D].合肥:安徽大学,2018.

[7]黄律环.二语习得中的外显与内隐学习机制[J].长沙大学学报,2008(3):85–88.

[8]黄祥年.比较句中的"更"和"还"[J].语言教学与研究,1984(1):26–32.

[9]蒋静.比较句的语义偏向及主观程度的差异:"不如"句、"不比"句和"没有(没)"句[J].上海师范大学学报(哲学社会科学版),2003(4):112–117.

[10]金民庆.汉韩比较句的特征分析与重组[D].上海:华东师范大学,2017.

[11]金燕.朝汉比较范畴表达对比[D].延边:延边大学,2007.

[12]廖英.三种否定比较句的对外汉语教学[D].长沙:湖南师范大学,2015.

[13]刘畅.留学生比较句的习得与偏误分析[D].沈阳:辽宁师范大学,2011.

[14]刘露.汉韩比较句的对比分析及教学建议[D].重庆:重庆师范大学,2018.

[15]柳英绿.韩汉语比较句对比[J].汉语学习,2002(6):45-50.

[16]娄桂岩.基于对外汉语教学的现代汉语比较句研究[D].哈尔滨:黑龙江大学,2014.

[17]鲁健骥.外国人学习汉语的词语偏误分析[J].语言教学与研究,1987(4):122-132.

[18]陆俭明.对外汉语教学与汉语本体研究的关系[J].语言文字运用,2005(1):58-62.

[19]马真.程度副词在表示程度比较的句式中的分布情况考察[J].世界汉语教学,1988(2):81-86.

[20]孟河永.汉韩比较句对比分析[D].天津:天津师范大学,2020.

[21]全珍英.汉语"比"字句与韩语相关句式的比较研究[D].上海:复旦大学,2010.

[22]宋英兰.韩语比较句及其在汉语中的对应形式[D].长春:吉林大学,2010.

[23]田煜,谢晓明.汉语比较句二语教学刍议[J].云南师范大学学报(对外汉语教学与研究版),2019(4):9-16.

[24]王林.韩国留学生学习汉语比较句偏误分析研究[D].长沙:湖南大学,2013.

[25]夏群.汉语比较句研究综述[J].汉语学习,2009(2):58-64.

[26]相原茂.汉语比较句的两种否定形式:"不比"型和"没有"型[J].语言教学与研究,1992(3):73-87.

[27]肖奚强.韩国留学生汉语语法偏误分析[J].世界汉语教学,2000(2):95-99.

[28]谢白羽.面向对外汉语教学的比较句研究[D].上海:华东师范大学,2011.

[29]解植永,王建.韩国留学生习得汉语比较句的偏误分析[J].云南师范大学学报(对外汉语教学与研究版),2011(5):8-12.

[30]徐茗.现代汉语比字句结果项及其相关问题研究[D].芜湖:安徽师范大学,2003.

[31]徐燕青."不比"型比较句的语义类型[J].语言教学与研究,1996(2):79-95.

[32]徐子亮.外国学生汉语学习策略的认知心理分析[J].世界汉语教学,1999(4):75-85.

[33]杨惠芬.表比较的"没有"句句型探析[J].语言教学与研究,1998(1):121-127.

[34]张亚军.程度副词与比较结构[J].扬州大学学报(人文社会科学版),2003(2):60-64.

[35]周小兵,陈楠."一版多本"与海外教材的本土化研究[J].世界汉语教学,2013(2):268-277.

[36]朱云凤.韩国留学生汉语比较句习得顺序考察及言语加工策略研究[D].北京:北京语言大学,2008.

[37]김선아.한중차등비교문의 대응양상[J].동양문화연구,2013(16):251-274.

[38]김승곤.견줌월 연구[J].한글학회,1987(196):195-218.

[39]박민준.중국어 동등 비교문의 양면성:質比와量比—'與','有' 비교문을 중심으로[J].중어중문학,2018(6).

[40]오경숙.'보다' 비교구문의 의미와 정도성[J].국어학,2003(41).

[41]오경숙.'만큼' 비교구문과 '처럼' 비교구문의 이질성[J].한국어의 미학,2004(14).

[42]임동훈.'만큼,처럼,보다' 가 격조사인가[J].국어학,2006(48):125-143.

[43]우순조.'-보다'성분의 유형과 유사 비교 구문[J].언어학,2008(52):145-165.

［44］황미향. '더／덜' 구문의 통사 구조 연구［J］.어문학,1996(57）:341-360.

二、著作

［1］陈昌来.对外汉语教学概论［M］.上海:复旦大学出版社,2005.

［2］国家对外汉语教学领导小组办公室汉语水平考试部.汉语水平等级标准与语法等级大纲［M］.北京:高等教育出版社,1996.

［3］黄伯荣,廖序东.现代汉语:上册［M］.4版.北京:高等教育出版社,2007.

［4］黎锦熙.新著国语文法［M］.长沙:湖南教育出版社,2007.

［5］刘珣.对外汉语教育学引论［M］.北京:北京语言文化大学出版社,2000.

［6］陆丙甫,金立鑫.语言类型学教程［M］.北京:北京大学出版社,2015.

［7］吕叔湘.中国文法要略［M］.北京:商务印书馆,2014.

［8］吕叔湘.现代汉语八百词［M］.增订本.北京:商务印书馆,1999.

［9］吕文华.对外汉语教学语法讲义［M］.北京:北京大学出版社,2014.

［10］齐沪扬.对外汉语教学语法［M］.上海:复旦大学出版社,2005.

［11］王还.对外汉语教学语法大纲［M］.北京:北京语言学院出版社,1995.

［12］王建勤.第二语言习得研究［M］.北京:商务印书馆出版,2009.

［13］杨寄洲.汉语教程［M］.北京:北京语言大学出版社,2006.

［14］吴勇毅,吴中伟,李劲荣.实用汉语教学语法［M］.北京:北京大学出版社,2016.

［15］于根元.应用语言学概论［M］.北京:商务印书馆,2003.

［16］周小兵.对外汉语教学入门［M］.3版.广州:中山大学出版社,2017.

［17］朱德熙.语法讲义［M］.北京:商务印书馆,1982.

语料附录

我喜欢流行歌曲。平时常常一边听一边唱。在韩国有很多歌手但是大部分的歌手外形比唱水平更重要。还有每一曲差不多的感觉,给青少年不好的印象的歌,抄见外国歌手的跳舞、歌的歌手也很多。但是有的歌手不是这样好美的歌词让人们的情绪舒服。以前韩国的流行歌曲让家出的高中学生回家了。那个时候报道新闻。那个学生听那曲歌以后觉得应该回家改变了自己的想法,观念。其实是开心的时候伤心的时候听流行歌安慰我自己。但是流行歌只年轻人喜欢,大部分年轻大的人不喜欢。为什么?其实我也不知道,跟他们的想不一样的原因?有点儿可惜。我们常常说着:流行歌曲是觉得谁也同感,喜欢的才对。

亲爱的父亲母亲.

爸爸，妈妈你们好？好久没给你们写信. 几天前是父母节，但是因为我在离家远的地方没有时间回家看爸妈. 那天我只打了个电话就算表示感谢的意思. 爸，妈！真对不起. 我已经二十多岁了. 可每次困难时对你们说话，加重父母的担心. 我知道妈妈每天早上为我去教堂. 妈妈！我知道你爱我的心. 我现在大学四年级. 我的专业比别的专业在就业方面不大可能性. 还有我独立生活上吃得不好，睡得也不太好. 很多地方引起你的担心. 但是妈，爸！我能够做到你们担心的事. 我也每天想爸、妈. 从小到现在爸、妈对我有不变的信心. 那个信心给我什么都做得到的能力. 你们知道吗？最近我看中国女作家永以的小说. 她的大部分小说的主要材题是母爱. 一个小说内容是父爱. 我读她的小说时常常想起母亲和父亲. 你们的爱是我最是的宝见. 如果没有你们的爱、关心、信心怎能存在我？

爸，妈最近工作很辛苦吧？对不起. 但我

毕业以后一定入好的公司。然后如果受到一个月的工资我首先要买爸，妈的礼物。
　　爸爸，妈妈！
　　请你们等一段时间。你们还是信我吧？
　　虽然我离家庄远的地方，我不是不想你们，而是很想你们，很爱你们。
　　爸爸，妈妈的爱是好像大海，繁星如雨，一天的微光。上面的比喻是在冰心的小说上有的。我真心地同意她的想法。
　　爸爸，妈妈请你们注意身体健康。
　　我爱你们。
　　谢谢。

代沟，这是不仅不容易解决的问题而且不轻视说的问题。原来代沟的时间差异大约三十多年可是随着社会的快速发展代沟时间也越来越断。

　　目前有人们来说，代沟时间大约十年多。另有人夸张地说代沟是一天比一天不一样。我想法也是这样。例如，我去年在中国留学了半年后回到韩国的时候我不能追时尚和开玩笑。那也是代沟的一部分。我家里有五口人、奶奶、爸爸、妈妈、弟弟和我。我家的代沟问题很严重。奶奶不了解爸妈和我们孩子、而且爸妈也不了解我们青年的孩子。当然我和弟弟也不理解他们。比如说，第一，我常常在电视上看了看名星可是我爸不喜欢那个样子有点儿不满意地说"他们是什么名星啊"可是我不同意他的语气。第二我有一天买了衣服我奶奶说"你的衣服好象谁chuān过的似的。"那也我不同意。

　　我觉得这样的对话每个人家都常见的吧。所以我们为了省了代沟得理解相对、得了解一些相对。两代人都zūn重相对的话更容易沟通相对,这才是解决问题。

流行歌曲总是有着非常多的听众。有些人特别喜欢流行歌曲，有的人却不喜欢流行歌曲。我是比较喜欢流行歌曲，因为流行歌曲内有很多或者大部分是跳舞类音乐，但有的人比较喜欢的是浪漫歌曲。我觉得喜欢流行歌曲或喜欢旧歌曲是各人的兴趣和爱好。不能说必须得喜欢流行歌曲。

我有一次跟朋友一起去了练歌房。我们因为年龄不大，所以我们唱的都是现在流行的歌曲，后来过一两个小时候，没有一个流行歌剩，都唱完了。结果我们那时候开始唱以前的歌曲。我的朋友们说："好久没有听过以前的歌，所以我觉得唱流行歌比唱以前的歌更有意思。"我听了她说的以后，感到了一个道理。虽然时间过去了，但是流行歌曲和旧的歌曲都是一样的。

给人类一个快乐，可以欣赏都是音乐具有的特点。我觉得流行歌曲也好，但有的时候，抽出时间来，欣赏以前的歌曲的话，会得到更快乐和舒服的感觉。虽然每个人的想法都是与众不同，但是这个并不重要。只要你听得是不论什么歌，给你一个快乐或舒服的音乐，这就是音乐的美丽和它所具有的优点。

每个社会现像就各有千秋。我对流行歌曲的看法也是按照上面的基本道理。

　　我喜欢流行歌曲，可是我并不喜欢每天追到歌星的歌迷们。听什么音乐都是靠自己的爱好选择的。所以谁也不能怪别人的选择自己喜欢的歌听的自由，不能蔑视，干涉他人的爱好。

　　我喜欢流行歌曲的原因是这样。流行歌曲意味着当代的特色、风格，可以说它是当代文化的象征。我听流行歌曲不是为了赶时髦，而是为了了解我在生活的这世界。

　　有些人说，流行歌曲比古典音乐还差、难听、太吵了。可是我喜欢它的比较随便的风格。世界上的所有的东西都有自己的特色，每个人都有权利选择自己喜欢的。萝卜白菜，各有所爱嘛。

　　但是，对盲目地追歌星的小孩子我真看不下去。他们都忽视自己生活当中的任务。学生应该忠实地专心学习。把自己应该做的事情都弄好以后才享受自己的爱好的话，我不能反对他们的行为。

　　总之，我认为每个人的爱好该受到尊重。喜欢什么音乐都是自己的自由、听流行歌曲也好，听古典音乐也好。尽管听什么音乐，我要说的话就是，先把自己该做的事情弄成好以后，再听流行歌曲、追歌星也不晚。

由三个和尚没水喝想到的是每个和尚按顺序到山底下去挑水。每个人都不愿意先去，所以按照年纪多大决定谁先去。就这样他们一段时间遵守自己决定的规律，挑水了。

在一天年纪最大的和尚装头疼，不想去，于是第二位和尚硬着头皮地代替他去挑水了。在途中，他觉得受到委屈，决心自己也装病不去。轮到自己时，第二位和尚装牙疼，也没去。所以第三位和尚替他去挑水了。经过这样过程没有一个人去挑水。没有水的话，怎么能生活下去呢？于是第三位和尚想出了一个办法。他们三个人一起挖一个井。可是这次也像上次一样，三个人都用各种各样的借口，不肯干活，挖地。这样三个和尚越过越瘦了。这三个懒做的和尚每天你一话我一言地争论，不能找到好主意。所以他们决定每个人决解自己的吃饭问题。从此以后他们三个人都下山变成了讨饭的人。他们想这种生活比以前还好吗？和尚当乞丐一点儿面子也没有了。所以他们后悔自己过去干的事情，决定为了大家热情服务。他们回到路上,每到困难的事情,都要互相帮助。三个人终于尽力了后么的和当。

我读这个三个和尚没水喝以后想到的不是日常生活里想到的。日常生活中，我们常常遇到供不应求的情况。那时候，我们该想一想秩序是什么。三岁孩子也晓得了秩序是我们人类的优美的文化中之一。但我们当面这种自己会损失的情况时可不是这样。都争先恐后地要拿到自己的利益。我们再想一想吧。其实呢，我们遵守秩序的时候给我们带来的害处呢一个也没有。秩序是安全的，方便的，优美的。绝不是无益的。从这个故事来看，那三个和尚虽懂秩序，但不会实行了秩序的精神。懂秩序是很容易的，实践秩序并不是那么容易的。

　　我想秩序的关键在实践和让步。遇到很急的事情时，让一步，退一步来，我们再想一下。上车的时候，买票的时候都需要秩序。我们该通过让步找秩序，实践秩序来找方便和安全。这样一来，所有的人们都会享受秩序的美德。不要怕自己会有不利益的，不要怕别人家比自己有还多的利益。实际上，越要得到多，越得到的少。大家都知道这个理论的话，都不会出闹的。实话说我也是这样,我也要实践秩序的精神,但还没有这种经验。好了,那么这样吧,我和你,你和大家,从今天开始想想别人吧。我们都为别人家过生活的话,可以尝尝秩序的味道。都来吧!你要不要跟我尝满足我们的生活的秩序的真正味道?我可能地地道道的!

《对我影响最大的一个人》

1994年4月19号是我父亲离开我跟我家里人的那天。这么说好呢，我本人对我父亲的感情从来没想过。很小的时候，我很爱他，那个时候他是对我世界上最能干的人。可是，越长大，我的心情越改变，然而上大学以后改变得更多，更厉害。韩国大学的中文系的学生一般比别的系学习社会主义议论的机会不多。随着多读这样的书，我跟我父亲间的矛盾深刻起来，我对他常常批评他不能了解我，他也对我说"还小，你知道什么？"所以，我大学毕业以后决心去中国的时候，他不愿意我去。可是，我想从家里脱出，所以没听他的话来中国，可是，我来中国以后得马上回韩国去。因为我接到我姐姐的电话知道我离开家几天后我父亲去世了。到现在，我再回来中国，到底为什么？我愿意为父亲当一个有用的人，所以，我决心要我继续学习。我不知道他对我影响大不大，可是我爱他。

本人鄭多松是現在25才的年情人。到現在25年的人生裏有許多苦難快樂的事。有時候想"大部分的人說年情就是活力，快樂的像證，但是我為什麼不太常覺得呢？為什麼一直覺得人生那麼寂寞、疲倦呢？現在這麼年情還這麼難過，難道以後呢？"

　　所以我想過許多次"死與活"。其實有的時候想死比活還容易。但是"人"不是人所創作的。有一定的創作者。我們出生也不是我們想出生就出生的。死也是一樣。創作者給我生命給我利用這世界，這一輩子的時間。所以我們沒有權力放棄這一段生命的時間，也沒有權利幫人家把人家的生命結束。

　　本文裏的先生幫他太太，把他太太希菲。我想這雖然是太太願意的，但是她先生不應該這樣做。她得了不老之症，可能不能活多久。所以當她的先生，應該好好地對待她，給她心裏平安，精神上的平安也盡力治了才是好辨法。死跟活都不是我們人所能做出來的。我們"人"是只能保存生命，盡力活下去等到創作者决定让你们可以死的时候，可晓很多人同情这段文章裹的先生。

绿色食品与饥饿

　　我认为吃绿色食品应该是第一位的。人们为了不挨饿而吃经污染的农产品这不合理的。韩国一九六、七十年代也越过人们饥饿的时代。目前世界也有很多国家的人们在挨饿。我想吃绿色食品与饥饿是两样事。

　　目前世界所有的国家走进世界化。世界上的国家慢慢成为统一个国家。我想成为一个国家让个个国家比现在还要发展的。每个国家的经济情况不一样而发达国家可以

《吸烟对个人健康和公众利益的影响》

　　正好,这两天我在网站上看到了有关吸烟的一个新闻。是韩国的政府调整吸gai的价格的内容。其实,这种消息是我从小到现在常常听到的。但是虽然政府为了保护环境和个人的健康涨价吸gai的价格、禁止青少年的吸烟、规定可允许吸烟的场所,可还是难以控制的。

　　所以我想了想,我们该采取什么方法来解决这么严重的问题。

　　第一,首先,为了减少将来吸烟者的比率在家庭和学校里的教育要加强。据了解,吸烟者的开始吸烟的年龄越早越很难停止吸烟。所以对青少年的教育是十分重要的。

　　第二,法务部要规定比以前的规律还严格的法律。比如,使在不允许吸烟的地方吸烟者付很多的罚款。

我一看考试题目就感到不好意思了。因为我也是吸烟的人。
　　我阅读了短消息后就知道，这规定是日本政府发下来的。
　　首先我写一下，吸烟对个人健康的个人看法。
　　在日本俗话说，吸烟对健康有害，一个也没有好处。这句话是像我一样爱吸烟的人来说不对的。如不能吸烟的情况下，需要一定的忍耐。时间长了的话，慢慢开始心情不平静了。忍耐是自然所需要的事，但同时忍耐影响人的心情和感情。如随时可以吸烟的话，心情也很放松，很自由了。所以说，我对这俗话的看法是反对的。但反过来看，考虑不会吸烟的人来说，还是一个也没有好处。而且很被动的。通过吸烟的得病率也不吸烟的人比吸烟的人还要高。
　　第二个：为公众利益的影响写一下。
　　我已谈到不吸烟人的立场了。对公众利益的话，我也没法插嘴了。完全赞成像短消息的方法来保护大家的利益了。
　　吸烟是个人爱好而已。爱好就是不能影响别人。我估计各国家的这种措施越来越多。但我希望也考虑吸烟人的利益。